MARKUS HOFMANN

Familie in Hochform

Gedächtnistraining für alle von 0 bis 99

UEBERREUTER

Abbildungsnachweis

S. 81 Fotolia/Yuri Arcurs
S. 82 Fotolia/Patrizia Tilly
S. 121 Fotolia/Jose Manuel Gelpi
S. 133 Fotolia/Yuri Arcurs
S. 149 Fotolia/Imaginis
S. 159 Fotolia/Robert Kneschke
S. 191 © Maks Richter
Alle übrigen Abbildungen:
Walter Reiterer, www.reiterergrafik.at

ISBN 978-3-8000-7479-2

Redaktion: Christine Weiner
Covergestaltung, Layout und Illustrationen: www.reiterergrafik.at
Coverfotos: © Fotolia/Yuri Arcurs, Jose Manuel Gelpi , Robert Kneschke;
Rückseite: © Fotolia/Patrizia Tilly

Gedruckt in Österreich
7 6 5 4 3 2 1

Ueberreuter im Internet: www.ueberreuter.at

Was Sie in diesem Buch finden:

... und noch mehr Spaß wartet in Teil 2!

Hier finden Sie zahlreiche Rätsel und Spiele für Jung und Alt. Viele davon machen im Familienkreis besonders viel Freude und sind hervorragend dazu geeignet, Spiel, Spaß und Denksport miteinander zu verbinden. Mit Spaß trainiert das Hirn besonders gern und gut!

Vom kleinen „Logical" für zwischendurch bis zur superkniffligen Denksportaufgabe, die Sie und Ihr Hirn garantiert ordentlich ins Schwitzen bringt, ist alles drin!

Da geht es hoch her, wenn die Kleinen kniffeln, bis der Kopf raucht! Und die Eltern und Großeltern werden sehen, wie lustig es erst wird, wenn sie mit den Jüngsten in Wettstreit treten!

Hier sind Rätsel und Spiele zusammengestellt, die ein besonders gutes „Futter" für das ältere Gehirn abgeben. Auch diesmal sind natürlich wieder viele Denknüsse dabei, die im gesamten Familienkreis für Spaß und Abwechslung sorgen!

Ich wünsche Ihnen viel Freude beim Rätseln, Spielen und Denken!

Einleitung

Warum ein Buch für die Familie?

Als ich zu einem Vortrag in eine Grundschule eingeladen wurde, da wollte ich mich entsprechend vorbereiten und erneut recherchieren, welche neuen Erkenntnisse und Gedächtnistrainingsspiele es für Kinder gibt. Aber so viel ich auch im Internet recherchierte, immer wieder stieß ich nur auf Angebote, die im technischen und Computerbereich lagen. Es waren Spiele, die man installieren musste oder die hohe Konzentration und von anderen Menschen keinerlei Störung erlaubten.

Das verwunderte mich sehr, denn ich erinnerte mich noch gut daran, wie wir als Kinder mit Eltern und Großeltern am Baggersee auf einer Decke saßen und gemeinsam Rätsel lösten oder mein Vater uns lange Autofahrten dadurch verkürzte, indem er uns knifflige Fragen stellte, bei deren Lösung sich auch unsere Mutter beteiligte. Na, und dann die weihnachtlichen Tage! Wie brannten wir darauf, mit den Eltern und Großeltern lange aufzubleiben, um zu raten und zu rätseln. Wie viel Gemeinschaft und Familiengefühl entstand dadurch! Die geselligen Abende ließen uns Kinder, Eltern und Großeltern neu erleben. Wie staunte ich einmal, als mein Großvater schneller war als ich, und wie stolz war ich, als ich meiner Mutter genau erklären konnte, wie ich auf eine Lösung kam. Natürlich lachten wir, wenn die „Großen" untereinander in Konkurrenz traten und dann am Schluss einer von den „Kleinen" mit dem Gewinn abzog.
Es sind meine schönsten Familienerlebnisse. Momente, die ein Kind niemals mit einem Nintendo-Spiel erlebt und ein Erwachsener nicht an seinem Computer. Verstehen Sie mich richtig, ich finde es sehr gut, dass es für das Gehirnjogging nun so ein vielfältiges Angebot gibt. Aber wäre es nicht schön, auch diese alte, traditionelle Kultur des Gedächtnis- und Gehirntrainings wieder neu zu beleben?

Ich war jedenfalls sofort wild entschlossen und dabei Gedächtnisübungen für die ganze Familie zu finden. Kniffeleien, die man alleine und gemeinsam lösen kann. Ein Gehirntrainingsbuch für die ganze Familie, von 0 bis 99 Jahre. Mit Erklärungen, Hintergründen und viel Humor. Ein Buch zum Lachen, zur Unterhaltung und zum Lernen. Denn: Auch unser Gehirn möchte sich doch ein wenig amüsieren, und wie belebt sind die Regionen in unserem Kopf, wenn wir uns mit etwas beschäftigen, das einerseits eine Herausforderung ist und andererseits das pure Vergnügen. Die ersten Rätsel wurden vermutlich schon in der Steinzeit gestellt, leider sind sie nicht erhalten geblieben. Sicher ist hingegen, dass es da noch kein Handy mit Spielfunktion gab und sich die Menschen dennoch – zumeist miteinander – unterhielten. Sie saßen zusammen, später rund ums Feuer, und vertrieben sich die Zeit. Sie erzählten sich Geschichten und sie stellten sich gegenseitig Rätsel. Davon mal abgesehen, dass man in solch einer Runde auch einen sehr guten Überblick über die Menschentypen bekommt, die in einer Runde sitzen, ist diese Art von Gesellschaftsspiel auch Austausch und schafft Verbindungen zwischen den Menschen und im Gehirn. Kniffeln und rätseln ist viel mehr als bloßer Zeitvertreib. Wir verbinden nur das Angenehme mit dem Nützlichen.

Ich wollte genau diese Erfahrung wieder in die Familien zaubern. Ein Buch mit Spielen, Übungen und Kniffeleien, wie ich sie als Kind liebte und heute noch liebe, verknüpft mit dem Know-how, das ich als Gedächtnistrainer habe, und gespickt mit meinem Wissen rund um Gehirn und Lernen. Letzteres so unauffällig und nebenbei, dass Sie dieses Lernen gar nicht spüren. Lernen kann so viel Freude machen!
Benutzen Sie mein Buch für gemeinsame freie Tage und Zeiten. Nehmen Sie mich mit auf Familienreise und zu geselligen Abenden. Und sollten Sie mit meinem Buch in einem fernen Land zusammen rätseln, dann schreiben Sie mir eine Karte, damit ich weiß, welche Reisen mein Buch erleben darf, während ich vielleicht am Computer oder bei einem Vortrag schwitze.

Meine Erfahrungen aus der Arbeit mit Schülern und Eltern

Es geht nicht allein. Kinder suchen auch im Lernen Gemeinschaft und Eltern und Großeltern tut es gut, sich vom Lernhunger der Kinder anstecken zu lassen. Das Gehirn hat sehr lange Lust zu lernen. Es beginnt damit ganz früh und möchte das aktive Lernen nicht beenden. Unter Lernen verstehe ich auch Wiederholen, also das Einschleifen und Einprägen des Gelernten. Nach der Geburt ist das Gehirn trotz seiner beachtlichen Größe und des vollständigen Vorhandenseins aller Nervenzellen noch sehr unfertig. Der Mensch braucht andere Menschen, um zu lernen. Je kompetenter die Bezugspersonen sind, desto mehr Input bekommt das kleine Gehirn. Es wird „geprägt", um später voll funktionsfähig zu sein.
Lernen und damit die Bildung des Gehirns kann versäumt werden. Und Lernen im Babyalter ist nicht Lernen aus einem Buch, sondern Anregung, Hinwendung und das Ermöglichen von Erfahrungen. Werden diese nicht gegeben, dann ist auch noch nicht alles verloren, kleine Menschen können das später nachholen, aber es braucht Zeit und ist aufwendiger. Wenn Sie also ein Kind haben, dann fangen Sie möglichst früh mit dem Gedächtnistraining an. Und wenn du ein Kind bist, dann beginne gleich mit deinen Eltern und Großeltern um die Wette zu rätseln, damit auch die älteren Gehirne ein bisschen turnen.

Kleine Kinder sind wahre Lernmaschinen, Informationsstaubsauger und Motivationskünstler. Wie Schwämme saugen sie alles in sich hinein, was sich an Eindrücken und Reizen in ihrer Umgebung findet, und das mit einer unbändigen Neugier und Begeisterungsfähigkeit, die keine Grenzen und fast keinen Frust kennt. Haben Sie einmal ein kleines Kind beim Laufenlernen beobachtet? Haben Sie gesehen, dass es mehrere hundert Mal hinfällt und wieder aufsteht, bevor es auf seinen zwei kleinen Füßen zuerst nur wackelig stehen und dann erst gehen kann? Auch wenn es hinfällt, sich wehtut und weint, lässt es sich auf keinen Fall demotivieren, sondern probiert nach einem kurzen Stopp unermüdlich weiter, bis es wirklich laufen kann und ihm das Gehen keine Mühe mehr bereitet. Wir können den kleinen Kindern zuschauen und uns an ihnen ein Beispiel nehmen. Auch im

späteren Lernfeld gibt es immer wieder Lernsituationen, in denen wir sinngemäß hinfallen und die ein Aufstehen benötigen.
Gemeinsam, in der Familie können wir dies proben und uns gegenseitig immer wieder daran erinnern, dass Lernen ein lebenslanger Prozess ist.

Vielleicht jetzt schon mal eine Kniffelfrage, damit Sie ein wenig in Schwung kommen?

In welche Richtung fährt der Bus?
Die nächste Aufgabe ist ein Test für Vorschüler. Diese wurden gefragt: „In welche Richtung fährt der Bus auf dem Bild?“ Geben Sie spontan eine Antwort, ohne lang zu überlegen.

Antwort:
Die Vorschüler haben ‚nach links‘ gesagt. Als sie gefragt wurden warum, haben sie Folgendes geantwortet: Weil man die Tür nicht sehen kann. Tja, jetzt sind Sie überrascht, oder? Die kleine Übung soll Ihnen zeigen, dass Sie wieder kindlich lernen und überlegen sollen. Nicht kindisch. Gehen Sie mit kindlicher Leichtigkeit an große Aufgaben heran. Sie werden sehen, es lohnt sich.

1. Kapitel

Schalten Sie mal ab!

Sie sind mitten im Leben und meistens von morgens bis abends gut beschäftigt? Dann sieht Ihr üblicher Tagesablauf wahrscheinlich so aus: Sie stehen morgens auf und frühstücken, während Sie nebenbei im Radio oder Fernsehen das Neueste aus aller Welt erfahren. Danach geht es zur Arbeit; hier verbringen Sie den Tag und geben Ihr Bestes, um gute Leistungen zu erzielen. Während Sie an Ihrem Schreibtisch sitzen und Ihre Aufgaben erfüllen, klingelt bestimmt alle paar Minuten das Telefon, unzählige „Plings!" kündigen gerade eingetroffene E-Mails an und zwischendurch kommt die Kollegin an der Tür vorbei und hat schnell mal eine Frage. In der Mittagspause gehen Sie vielleicht schnell was einkaufen oder Sie sprechen mit Kollegen beim Mittagessen in der Kantine über das neueste Projekt. Abends steht Sport auf dem Plan, Freunde treffen oder sich und Ihrem Partner etwas Leckeres kochen. Oder wie wäre es mit einem aufregenden Spätfilm im Kino oder Fernsehen? Vor dem Schlafengehen informieren Sie sich gerne noch über die letzten Nachrichten des Tages. Bevor Sie endgültig die Nachttischlampe ausschalten, lesen Sie noch ein paar Seiten in dem Buch, auf das Sie sich schon den ganzen Tag freuen. Und wenn Sie dann endlich friedlich schlummern, verarbeiten Sie alles Erlebte in Ihren Träumen.

Puuuhhh! Was für ein prallvoller Tag war das mal wieder! Sie waren den ganzen Tag in Hochform – und Ihr Gehirn erst! Während Sie Ihre ganz normalen Tagesaktivitäten absolvieren, vollbringt Ihr Gehirn wahre Hochleistungs-Akrobatik. Es sammelt unentwegt Informationen, vernetzt und koordiniert sie, gibt sie weiter an die entsprechenden Hirn- und Körperregionen, speichert neu Gelerntes, ruft schon gespeichertes Wissen ab – kurz, es sorgt dafür, dass Sie in Beruf und Freizeit funktionieren! Ihr Gehirn ist wirklich pausenlos aktiv. Ich vergleiche dieses Wunderwerk in unseren Köpfen gerne mit einem Computer. Einige Millionen Informations-Bits arbeiten jetzt, während Sie dieses Buch lesen, gleichzeitig auf Hochtouren. Immer wenn Sie Neues erfahren, sei es beim Lesen, Fernsehen oder in Gesprächen mit anderen, rattert es nur so in Ihrem Oberstübchen, und das neu Gelernte wird sozusagen in den Ordnern Ihres Gedächtnisses abgelegt. Außerdem sind noch viele weitere Milliarden Informations-Einheiten in Ihrem Gedächtnis gespeichert und warten nur darauf, bei Bedarf in Erscheinung zu treten. Dieser unvorstellbar große Wissensspeicher ist zum Beispiel für Ihr berufliches Know-how verantwortlich, dafür, dass Sie so immens viel über Ihr liebstes Hobby wissen, dass Sie die Telefonnummern und Mailadressen Ihrer wichtigsten Geschäftspartner und Kollegen jederzeit abrufbereit haben, und dass Sie bei Spiel, Sport und den kleinsten alltäglichen Verrichtungen Ihre Bewegungen koordinieren und gezielt ausführen können.

Sie sehen: Wir alle haben gute Gründe, dem gerade mal eineinhalb Kilo schweren „Speicher" in unserem Kopf immer wieder Bewunderung zu zollen und diesem unglaublichen Denk-Apparat dafür dankbar zu sein, dass er uns so scheinbar unermüdlich zur Verfügung steht. Allerdings: Auch unser Gehirn mit all seinen unvorstellbaren Fähigkeiten und seinen riesigen Speicherkapazitäten kann durchaus Ermüdungserscheinungen zeigen. Deshalb ist es so wichtig, dass wir es weder unter- noch überfordern.

Vorsicht Überforderung!

„Multitasking" – das ist in vielen Betrieben das Zauberwort. Jeder Beschäftigte hat immer mehr Ansprüchen zu genügen, und viele meinen, wenn sie möglichst viele Aufgaben zur gleichen Zeit erfüllen, werden sie den Leistungsvorgaben am ehesten gerecht. Da heißt es dann: Während ich mit dem Kollegen telefoniere, lese ich schnell die E-Mail, die gerade hereingekommen ist. Und schreibe dem Chef, der gerade ungeduldig an meinem Schreibtisch steht und mir eine Frage gestikuliert, gleich noch die Antwort auf einen Zettel. Schlimmer noch: Bei vielen Berufstätigen hört dieser permanente Leistungsanspruch nicht vor der Bürotür auf! Auch im Privatleben soll möglichst viel zur gleichen Zeit unter einen Hut gebracht werden. Kochen und telefonieren gleichzeitig, warum nicht, ich habe doch so ein praktisches schnurloses Telefon zu Hause! Und ganz nebenbei achte ich auch noch auf das Kind, das gerade zwischen den Küchenmöbeln herumkrabbelt. Sie ahnen, wie es endet? Genau: Entweder wird das Essen anbrennen, der Gesprächspartner am Telefon sich über meine zerstreuten Antworten ärgern oder das Kind alle Töpfe aus dem Schrank geräumt haben, weil ich nicht rechtzeitig eingegriffen habe ...

Vergessen Sie diese Form von „Multitasking"! Dass es jeden auf Dauer überfordert, zu viele Dinge gleichzeitig zu tun, sodass am Ende nichts mehr richtig gemacht wird, davon können Sie sich mit Leichtigkeit selbst überzeugen – probieren Sie es einfach aus! Jede Form von Stress geht auf Kosten der Merkleistung: Je mehr Sie sich gleichzeitig zumuten, desto eher übersehen oder vergessen Sie etwas. Auch neue wissenschaftliche Untersuchungen belegen: Wer mehr als zwei Dinge gleichzeitig verrichten will, überfordert sich. So haben französische Forscher herausgefunden, dass sich jede Hälfte des Gehirns auf eine Aufgabe konzentriert, wenn ein Mensch versucht, zwei Dinge gleichzeitig zu tun. Das kann schon problematisch werden, denn jeder Gehirnbereich ist auf unterschiedliche Aufgaben spezialisiert. Was aber, wenn nun zwei Aufgaben, für die der ein und derselbe Bereich im Gehirn benötigt würde, ausgeführt werden sollen? Dann übernimmt ein anderer Bereich im Gehirn eine Aufgabe, die dieser nur unzureichend erfüllen kann ...

Gönnen Sie also Ihrem Gehirn den Raum, den es braucht, um alle Dinge mit der nötigen Sorgfalt auszuführen. Alle Voraussetzungen sind gegeben, dass es das auch schafft. Nur wenn das Gehirn von zu vielen Anforderungen gleichzeitig „bombardiert" wird, streikt es. Nur Dinge, die Sie routiniert und ohne viel nachzudenken erledigen können, vertragen es, dass Sie gleichzeitig auch noch eine andere Routineaufgabe erledigen! Für alle anspruchsvolleren, komplexen Aufgaben gilt: Konzentrieren Sie sich ganz auf eine Arbeit, wenn Sie diese tadellos erledigen wollen. Schaffen Sie sich Freiräume, wenn Sie merken, dass zu viel auf einmal auf Sie einstürmt. Geben Sie Rückmeldungen, indem Sie zum Beispiel sagen: „Ich bin gerade dabei, diese Arbeit fertig zu machen. Sobald ich damit durch bin, melde ich mich bei Ihnen!" Damit verschaffen Sie sich eine gesunde Distanz zum Stress, die noch besser wirkt, wenn Sie in diesen Zeiten zudem die akustische E-Mail-Benachrichtigung ausschalten oder ein Schild mit „Ich denke gerade! Bitte nicht stören!" an die Tür hängen.

Ich weiß: Die meisten Arbeitgeber richten sich nicht nach Erkenntnissen der Hirnforschung, wenn es um die Arbeitszeiten geht. Vielleicht ist es Ihnen aber doch möglich, Ihren Arbeitsbeginn flexibel zu gestalten. Wenn ja, dann sollten Sie erst relativ spät im Büro erscheinen – vor allem im Winter. Das Gehirn ist erst zwischen neun und zehn Uhr richtig fit und bereit, sich den Herausforderungen des Tages mit voller Kraft zu stellen. Wer früher beginnt, überfordert sich also oft. Bei vielen Berufstätigen kommt noch erschwerend dazu, dass sie zu spät ins Bett gehen. Chronischer Schlafmangel jedoch macht auch das Gedächtnis schlapp! Zwar ist das Gehirn auch aktiv, wenn wir schlafen. Es regeneriert sich aber trotzdem, weil äußere Reize während des Schlafes wegfallen.
Wenn Sie sich nun noch nach Möglichkeit abends, wenn der Arbeitstag hinter Ihnen liegt, Ruhezeiten einrichten, tun Sie noch zusätzlich etwas für Ihre geistige Fitness. Eine Stunde etwa, die Sie allein verbringen, wird Ihnen helfen, vom Arbeitstag abzuschalten und in die ruhige Phase der Freizeit einzutreten. Der Psychologe und Hirnforscher Ernst Pöppel etwa rät dazu, sich jeden Tag für eine Stunde „von der Welt zu entheben" und festzuhalten, was der Tag an positiven Eindrücken und Geschehnissen gebracht hat. Das, so Pöppel, befreie das Gedächtnis von Ballast und fördere die Kreativität.

Anspannung – Entspannung: Die Abwechslung macht´s

Ganz wichtig für eine stabile Hirnleistung ist, dass Sie sich regelmäßig Zeit für entspannende Tätigkeiten nehmen. Versuchen Sie, mindestens drei Mal

in der Woche etwas zu tun, das Ihnen ganz einfach guttut und Sie innerlich zur Ruhe kommen lässt. Das kann Joggen, Schwimmen oder Spazierengehen sein, Musik hören oder Singen, Meditieren oder Malen. Bei all diesen Tätigkeiten ist Ihr Gehirn natürlich auch hochaktiv. Aber es wird dabei auf eine Weise genutzt, die ihm erlaubt, seine Fähigkeiten optimal zum Einsatz zu bringen.
Während des Arbeitstages können schon kleine, kurze Übungen hilfreich sein, vom Stress abzuschalten und schnell wieder geistig fit zu werden. Dazu gehört etwa ein flotter Spaziergang an der frischen Luft in der Mittagspause – 15 Minuten genügen schon!

Ein wirksames Mittel, das vor allem gestresste Manager gern anwenden, ist es, sich durch die richtige Atemtechnik zu entspannen. Eine Variante, die Sie auch an Ihrem Schreibtisch mühelos ausüben können: Atmen Sie vier Sekunden lang intensiv ein. Halten Sie anschließend den Atem acht bis 16 Sekunden lang an und atmen Sie schließlich so langsam wie möglich wieder aus. Ebenfalls im Sitzen können Sie folgende Übung versuchen: „Verspannen" Sie sich gründlich! Spannen Sie so viele Muskeln an wie möglich. Ballen Sie die Hände zu Fäusten, ziehen Sie die Schultern hoch, runzeln Sie Stirn und Augenbrauen und beißen Sie die Zähne aufeinander. Nachdem Sie diese Spannung kurz gehalten haben, lockern Sie den Körper langsam wieder, bei jedem Ausatmen ein wenig mehr.

Vorsicht Unterforderung!

Auch wenn das unwahrscheinlich klingt, aber es ist viel leichter, das Gehirn zu unterfordern, als ihm zu viel zuzumuten! Tatsache ist, dass die vielen Milliarden Neuronen, die sich in Ihrem Gehirn tummeln, ab dem Ende der Lern- und Ausbildungsphase ganz einfach unterbeschäftigt sind. Ihnen ist langweilig! Denn oft macht ein erwachsener Mensch kaum noch etwas anderes, als seinen alltäglichen Tätigkeiten wie Aufstehen, Autofahren, Arbeiten und Ausruhen nachzugehen. Auch wenn es scheint, als fordere uns der berufliche Alltag zu immer neuen Denkleistungen heraus: Das täuscht sehr oft. Meist wiederholen wir im Wesentlichen immer wieder das, was wir schon längst können – das gilt selbst für die hyperaktivsten Manager.

Wer aber nichts Neues mehr dazulernt, der wird erleben, dass die Nervenzellen im Gehirn am „Unterforderungs-Syndrom" erkranken, immer schwächer werden und schließlich verkümmern. Da geht es ihnen nicht anders wie einem nicht gebrauchten Muskel, der immer schlapper wird.

Lebenslanges Lernen ist möglich, das haben umfangreiche Forschungen inzwischen zweifelsfrei ergeben. Und es ist sogar nötig, wenn wir unser Gehirn aktiv erhalten wollen. Wir wissen übrigens erst seit recht kurzer Zeit, dass das Gehirn bis ins hohe Alter hinein leistungsfähig bleiben kann. Erst jüngere Forschungsergebnisse haben die bisherigen Auffassungen über die Gehirnalterung umgestoßen. Bis vor Kurzem glaubten wir noch, dass der Mensch mit einer bestimmten Menge an Nervenzellen im Gehirn geboren wird, die im Lauf des Lebens nach und nach absterben. Daraus wurde dann gefolgert, dass Menschen im höheren Alter nichts Neues mehr lernen können.

Dass auch das erwachsene Gehirn noch gestaltbar ist, beweist eine spannende neuere Studie von britischen Forschern der Universität Oxford. Unter ihrer Beobachtung lernten 48 Erwachsene das Jonglieren. Dabei war festzustellen, dass sich in den Gehirnen der Probanden eine bedeutsame Veränderung vollzog: Die Vernetzung ihrer Nervenzellen veränderte sich, was darauf hindeutet, dass sich auch die Verschaltung der Informationen im Gehirn verbesserte.

Am besten trainieren wir unser Gehirn dann, wenn wir etwas wirklich ganz Neues lernen, zum Beispiel eine Fremdsprache oder ein Musikinstrument. Das führt dann tatsächlich dazu, dass neue Nervenzellen im Hirn gebildet werden. Damit hat das Lernen bei Erwachsenen also denselben Effekt wie bei Kindern. Ganz wichtig ist Begeisterung beim Lernen – gehen Sie also mit Spaß und Schwung an die neuen Lernaufgaben heran, dann wird es Ihnen garantiert leichtfallen! Weil es immer darum geht, die gewohnten Abläufe zu verlassen, kann es zum Beispiel beim Lernen einer Fremdsprache sehr sinnvoll sein, dafür ins Ausland zu fahren – und schon sind wir wiederum beim Spaß. Wer würde nicht lieber den Spanischkurs in Barcelona absolvieren als in den eigenen vier Wänden? Der Hirnforscher Gerald Hüther hat dafür einmal ein hübsches Beispiel genannt: „Ein 85-jähriger Herr aus Bonn könnte immer noch Chinesisch lernen, wenn er sich dafür begeistern würde. Dafür müsste er sich zum Beispiel in eine hübsche 75-jährige Chinesin verlieben, die könnte dann sagen: ‚Komm mit nach Chingfung, mein kleines Dorf in Mittelchina.' Wenn der Mann seinen Gefühlen folgen und sich auf die Reise einlassen würde, könnte er wahrscheinlich nach einem halben Jahr schon ganz gut Chinesisch sprechen."

Apropos Liebe ...

Hier noch eine wichtige Information zum Schmunzeln. Hätten Sie gedacht, dass auch regelmäßiger Sex Ihr Gehirn in Schwung hält? Während wir einen Orgasmus erleben, werden bestimmte Regionen in der rechten Gehirnhälfte aktiviert. Das wiederum löst Veränderungen in den Hormonen aus, die positive Auswirkungen auf Körper und Geist haben – Sex stimuliert also auch unser Gehirn!

So, und nun wird es wieder Zeit zum Spielen und Spaßhaben. Mit den folgenden Denksportaufgaben und Rätseln können Sie allein, zu zweit oder in größeren Gruppen Ihr Oberstübchen in Schwung bringen und verhindern, dass es Ihrem Gehirn langweilig wird. Nachhaltiger Erfolg garantiert!

2. Kapitel

Willkommen zum perfekten Familienabend

Familienabende sind so etwas wie Rituale. Und die wirken dann am besten, wenn sie richtig zelebriert und nicht einfach „nur gemacht" werden. Familienabende bringen die unterschiedlichen Generationen an den Tisch und einander näher. Da wir in einer Gesellschaft leben, in der schon Kinder vom Terminkalender bestimmt werden, heißt es: sich verabreden. Sieben Menschen an einem Tag an einen Tisch zu bringen kann lästig sein, oder man gestaltet auch daraus ein Vergnügen.

Wie Sie Ihren Familienabend erleben, welche Qualität er hat, hängt maßgeblich davon ab, welchen Wert Sie dieser Zusammenkunft geben und mit wie viel Spaß und Freude Sie in den Abend hineingehen. Je positiver und freudiger Ihre Energie ist, desto mehr werden Sie zurückerhalten.

Wie verabreden?

Spontane Familienabende wird es immer wieder geben, aber ein Spieleabend wird erst dann zu einem Spieleabend, wenn man ihn als solchen ausruft, und das bedeutet, so benennt und vorher plant.
Ritualisierte Spieleabende bergen zudem den zweiten Vorteil, dass man sich gemeinsam am Tisch immer wieder auf zurückliegende Spielerfahrungen beziehen kann. „Na, das hast du doch das letzte Mal schon gewagt ..." - „Oh, Süße, haste ´ne Pechsträhne, schon wieder verloren. Aber der nächste Spieleabend ist deiner." Durch das Sammeln gemeinsamer Erlebnisse bauen sich Erinnerungen auf.

Dass es so etwas wie www.doodle.de gibt, eine gute Möglichkeit, per Internet einen gemeinsamen Tag zu finden, ohne mühsame Hin-und-her-Telefoniererei, wäre sicherlich dem einen oder anderen Senior verborgen geblieben, gäbe es da den Enkel nicht, der diesen einfachen Terminkalender erklärt. Andererseits ist es sehr charmant, wenn Oma oder Opa sich noch einmal hinsetzen, um Einladungskarten zu kreieren. Jeder bringt das ein, was er kann, und so wird der Abend für alle ein Gewinn. Natürlich – und das wäre meine Idee – können Sie die Einladung auch in ein Rätsel verpacken oder das Datum als Geschichte nach der Einhornliste (siehe Seite 69) verschlüsseln. Aber dann bitte nachprüfen, ob die Nuss auch geknackt wurde! Sie möchten ja nicht unsicher auf Ihre Gäste warten, oder lieben Sie vielleicht die Spannung dieser Art?

Die Details

Ich habe Ihnen hier einmal kurz zusammengestellt, auf was ich bei der Organisation von diesen Abenden achte bzw. was ich Ihnen als gedanklichen Leitfaden empfehlen kann.

Tag und Uhrzeit

Besonders gut geeignet sind natürlich die Ferien und Feiertage. Auch der Sonntag ist ein perfekter Familientag – aber natürlich können Sie auch jeden anderen Tag oder Abend in der Woche wählen. Die Uhrzeit ist hier das wichtigste, denn die Kleinen möchten natürlich nicht mitten im Spiel „ins Bett geschickt“ werden, nur weil der Abend so spät begann und sie am nächsten Tag wieder in Schule und Kindergarten müssen. Auch für manche ältere Menschen sind Spiele, besonders Sprach-, Denk- und Kniffelspiele, umso anstrengender, je später es am Abend wird. Wichtig ist, dass Sie sich auf einen Tag einigen. Der erste Mittwoch im Monat um 17.30 Uhr oder der letzte Freitag im Monat um 18 Uhr.

Planen Sie die Zeit für Begrüßung und Küchengespräche mit ein. Diese sind genauso wichtig wie das Spielen selbst auch: Da werden Neuigkeiten ausgetauscht und „Small Talk“ betrieben, eine Unternehmung wird geplant oder die Großeltern werden gefragt, ob sie am nächsten Tag babysitten können ... Oft verzögert sich durch diese wunderbaren Begegnungen der wirkliche Spielbeginn um eine halbe bis nahezu eine Stunde, und das ist auch gut so!

Beachten sollten Sie auch, ob die Uhrzeit oder der Tag vielleicht mit lieb gewordenen Gewohnheiten kollidieren: Wenn Oma regelmäßig die „Lindenstraße“ schauen will, Vater Mittwoch abends müde vom Fitnesstraining nach Hause kommt und die Kinder für ihre Lieblingsserie am Donnerstag jede noch so lustige Tischrunde gerne verlassen, dann sollten diese Zeiten unbedingt ausgespart werden!

Was gibt´s zu essen und zu trinken?
Ein großes Abendessen bietet sich hier natürlich nicht an. Gut geeignet sind vielmehr leckere, kleine Häppchen und leichte Kost. Zum einen brauchen Sie ja am Tisch noch Platz für die Dinge, die zu Ihren Spielen gehören – also Papier, Karten etc. –, da würde ein aufwendig gedeckter Tisch nur stören. Und ein „schweres“ Gericht am Abend macht sowieso nur müde. Am besten ist es, wenn sich jeder einen kleinen Teller mit seinen Lieblingsleckereien zurechtmachen kann. Stellen Sie doch alles Essbare in der Küche oder auf einem Seitentisch ab, dann haben Sie jede Menge Platz am Spieltisch, und jeder kann sich am „Büfett“ selbst bedienen. So bleibt auch Bewegung in der Runde, wenn immer mal wieder jemand vom Tisch aufsteht und in die Küche geht – auch eventuell aufkommende Müdigkeit lässt sich so ganz einfach vertreiben!

Aber: Vorsicht vor sehr fettigen Speisen! Nicht nur dass sie schwer im Magen liegen und die Verdauung beeinträchtigen. Öltropfende Antipasti können schnell mal die schönen Spielkarten ruinieren.
Zu trinken bekommt natürlich jeder, was ihm am besten schmeckt – Wasser, Saft oder Limonade, ein Bierchen oder ein Glas Wein für die Erwachsenen, und für die Kinder gibt es vielleicht eine bunte Bowle aus Saft, Mineralwasser und frischen Früchten. Wer mag, kann hier gleich ein paar neue Rezepte ausprobieren – vielleicht kreieren Sie auch einen ganz neuen Fruchtcocktail oder die exotischste Kinderbowle aller Zeiten ... !

Wer führt „Buch"?

Der „Buchhalter" des Spieleabends sollte gleich von vornherein feststehen und von Mal zu Mal wechseln – sonst wird dem „Hüter des Gesetzes" sein wichtiger Job allzu schnell langweilig! Die Funktion ist klar: Zum einen übernimmt der Betreffende die Erklärung und Überwachung der Spielregeln und hat, wenn nötig, böse Schummler in ihre Grenzen zu verweisen! Punktestände und alle aktuellen Ergebnisse hält er getreulich fest. Falls es (natürlich nur spielerischen) Streit geben sollte, ist unser Spieleleiter natürlich auch für dessen Schlichtung zuständig und spricht am Ende ein weises Urteil. Und wenn Gewinne am Ende eines Spiels anstehen, ist es natürlich auch der Spieleleiter, der diese Gewinne mit lobenden Worten und eindrucksvollen Gesten verleiht. Alles in allem also wirklich eine für den Spieleabend ganz wichtige Person, die am Ende des Abends auch gerne mit einer kleinen Auszeichnung „entschädigt" werden darf ...! Diese Aufgabe sollte aber rotieren, das heißt, auch die Kleinen dürfen regelmäßig Spieleleiter sein. Da man mit seinen Aufgaben wächst, ist dies eine gute Übung für das Leben.

Veranstaltungskalender

Noch ein Tipp zum Schluss: Wenn der letzte Spieleabend ein Riesenspaß war und Sie jetzt Lust haben, solche Abende als regelmäßige Familienveranstaltung einzuführen, können Sie eine Art „Veranstaltungskalender" schaffen. Das kann große organisatorische Vorteile haben, denn so kann sich die gesamte Runde schon im Vorfeld auf die Termine des nächsten halben Jahres oder auch nur der jeweils nächsten drei Monate einigen. Außerdem kann jedes Familienmitglied hier eigene Wünsche, Anregungen und Ideen einbringen, was den Inhalt der Spieleabende angeht, sodass am Ende geklärt ist, was an welchem Abend gespielt wird.

Gespielt wird, was Spaß macht

Die meisten Spiele unterstützen Ihr Gedächtnis auf amüsante Weise. Im zweiten Teil des Buches werden Sie sehr viele Vorschläge von mir finden, auf welche Weise Sie kniffelnd und rätselnd Ihr eigenes Gedächtnis und das Ihrer Familienmitglieder trainieren. Bevor es richtig losgeht, will ich Ihnen aber ein kleines anregendes Appetithäppchen schon mal servieren. Ich stelle Ihnen vorab ein paar neue und altbekannte Ideen vor, die Ihrem Familienabend entweder einen nostalgischen oder einen ganz neuen Kick geben.

Ein paar altbekannte Spiele vorab zum Warmlaufen und Anregen.

Brettspiele – altbewährt oder neu entdeckt ...

Sehr bekannt und beliebt ist noch immer „Mensch ärgere Dich nicht". Tatsächlich hat dieses Spiel neben seinem großen Erinnerungswert auch seine „Macken", missen will es aber trotzdem kaum jemand. Wie wäre es – und das gilt selbstverständlich auch für andere Spiele –, wenn Sie nun so kreativ sind und Regeln neu erfinden?

Neue Regeln – zum Beispiel so:

Alle Männchen werden in den Zielpunkten aufgebaut (also je vier) und laufen von dieser Stelle aus. Es gewinnt der Spieler, bei dem alle als erstes durch den „Start" gingen.

- Wer eine 2 würfelt, darf bei der nächsten Runde doppelt zählen.
- Eine 1 bedeutet für die nächste Runde: Lass immer ein Feld zwischen den Sprüngen aus.
- Eine 1 kann aber auch zurück an den Start bedeuten.
- Der Verlierer ist der Gewinner

Neue Regeln machen immer sehr viel Spaß und peppen alte Spiele auf. Ganz nebenbei: Es ist eine ziemliche Gedächtnisleistung, sich die Regeln zu merken, besonders dann, wenn die einzelnen Würfelergebnisse mit bestimmten Sprüngen verbunden sind und vier Spieler am Tisch sitzen ...!

Noch ein Tipp: Falls Sie Brettspiele besitzen, aber die Regeln vergessen oder verloren haben, das Internet hilft weiter unter: www.gamedesign.de

Sprachspiele

Wesentlich weniger aufwendig sind Sprachspiele. Dafür braucht man nur Zettel und Stift, sorgt dafür aber in kleinen und größeren Runden für viele Lachanfälle und fröhliche Stunden. Außerdem: Spielen macht klug! Und das Spielen mit Worten fördert die Ausdrucksstärke und geistige Kreativität.

Bandwurmsätze oder Bandwurmgeschichten ...

... machen und halten klug, denn sie fördern die Ausdrucksstärke und die geistige Kreativität. Und mit ihnen zu spielen, macht einfach einen Riesenspaß!

Die Regeln sind ganz einfach: Jeder Mitspieler sagt einen beliebigen Satz. Mit dem jeweils letzten Wort des Satzes muss der nächste Spieler die Geschichte weiterspinnen. Wie sinnvoll oder absurd – das liegt dabei in der Hand der Mitspieler!

Schauen Sie auch mal unter dieser Adresse ins Internet:
http://www.sprachhexen.com/spiele/reime_neu.htm

Bei den Sprachhexen gibt es auch eine kleine, hübsche Sammlung von Abzählreimen. Eine gute Gelegenheit für die erwachsenen Mitspieler, ihre eigenen grauen Zellen auf Trab zu bringen. Denn bei Reimen sind Kinder oft flotter und besser als die Großen. Oder wissen Sie noch, wie es weitergeht? „Eine kleine Dickmadam ..." Tja, da müssen Sie wohl Ihre Kinder fragen oder hier nachgucken.

Outdoorspiele

Bei Spielen in der freien Natur sieht man erst einmal keinen Zusammenhang zum Thema Hirnjogging. Bei genauerem Hinsehen wird jedoch schnell klar, dass genau diese Spiele unser Gehirn schulen und darin unterstützen, sich möglichst viel Wissen in möglichst kurzer Zeit zu speichern.

Bewegung und Sauerstoff, der Einsatz aller unserer Sinne, das schnelle Auffassen und Reagieren, Kombinieren und Sprinten, all diese verschiedenen Inputs legen im Gehirn neue Bahnen, die, was Breite und Vielfältigkeit angeht, am Schreibtisch nicht erreichbar sind. Wie immer macht es auch hier die Abwechslung und Kombination. Aber wenn Sie mich einmal bei einem Vortrag erleben sollten, werden Sie schnell erkennen: Ich bewege mich immer, auch im Raum. Nicht nur weil es mir Freude macht, sondern weil ich weiß, dass mein Gehirn „mitjoggt".

Altbewährt und heiß geliebt: Schnitzeljagd

Sehr schön, wenn Sie dieses Spiel mit einem Picknick verbinden. Ein Großer und ein Kleiner der Familie ziehen los und führen mit Papierschnitzeln den Rest der Familie an einen Ort, an dem ein Geheimnis oder eine Belohnung wartet. Hier ist Einfallsreichtum und Aufmerksamkeit gefragt, denn dieses Spiel macht natürlich nur Spaß, wenn auch mit den Papierchen ein wenig gekniffelt wird. Sie können anstelle von Wegweisern auch kleine Rätsel an die Bäume hängen, die bei Kreuzungen den richtigen Weg als Lösung beinhalten.

In keinem Buch habe ich bis dato einen konkreten Ablauf für eine Schnitzeljagd gefunden. Meist ist nur oberflächlich darauf hingewiesen worden, dass „man" halt ein paar Rätsel auf Zettel schreiben soll, die dann zum nächsten Hinweis führen. Eine konkrete Anleitung – Fehlanzeige.

Deswegen eine Spielanleitung aus meinem Freundeskreis:
Ein sehr guter Freund von mir – Michael Giesl aus Nabburg –, mit dem ich schon die Schulbank gedrückt habe, erzählte mir vor Kurzem von einer sensationellen Schnitzeljagd für seine Tochter, die er sich selbst ausgedacht hat. Sie hatte ihren 5. Geburtstag und für sie und ihre sechs Freunde organisierte der stolze Papa ein wahres Highlight für alle Sinne im angrenzenden Wald. Hier war alles dabei: Spannung, Spiel, Kreativität, Teamwork, Selbsterfahrung, Koordination.
Hier seine schönen Ideen. Nachahmen auf jeden Fall erlaubt:

Erlebnisse eines kreativen Papas

Kreative Schnitzeljagd von Michael Giesl, Betriebswirt aus Nabburg

Das Ziel unserer Schnitzeljagd war für die 6 Kinder, gemeinsam 4 Teile einer verlorenen Schatzkarte zu entdecken. Anhand dieser Karte musste ein Schatz gefunden werden, der natürlich von einem „bösen Drachen“ bewacht wird.

Der Start der Jagd war in unserem Garten. Dort haben wir einen Sandkasten in Form eines Wikingerbootes. Zu Beginn habe ich eine kleine Geschichte als Einführung erzählt, wonach ich einen alten Kumpel hab, der mal Pirat war und einen Schatz versteckt hat. Aber nach soooo langer Zeit hat er selbst vergessen, wo die 4 Teile seiner Schatzkarte versteckt sind. Er hat mir aber gesagt, wie er damals mit diesem Wikingerboot genau an dieser Stelle auch an Land ging und wo der erste Hinweis zu finden sei.

Und dann natürlich die Frage: „Also, Kinder, wollt ihr mir helfen den Schatz zu finden?“ JAAAAAA!!!! … und alle sind wild in alle Richtungen losgelaufen!!!

Schließlich braucht man bei einer Schatzsuche auch wichtige Utensilien:

- natürlich eine Schaufel ... im Sandkasten leicht zu finden
- ein Seil ... wer weiß, ob man nicht klettern oder einen bösen Piraten fesseln muss
- 2 Holzschwerter ... so eine Schatzsuche kann auch gefährlich sein; Beschützer notwendig
- ein Schild ... auch für einen Beschützer
- einen langen Stecken ... die Lanze für „böse Drachen“
- einen Sandeimer ... zum Schatz abtransportieren
- einen Kompass ... damit man weiß, wo's langgeht, und sich im Wald nicht verirrt

Die Gegenstände hab ich dann entsprechend den Wünschen der Kinder verteilt.

1. Hinweis:
Der erste Hinweis soll ein Schild in Form des Buchstaben „H“ sein. (Da ist gleich bei uns so ein Schild mit einem großen Pfeil in Richtung Waldweg.) Der Sinn dahinter war, hier abzufragen, wer schon das Alphabet kennt und wer seine Umgebung mit offenen Augen wahrgenommen hat und weiß, wo das Schild ist. An diesem Schild war das erste rote kleine Schnipsel. Hier habe ich erklärt, dass sie ab sofort auf diese Markierungen achten sollen. Dort finden sich die nächsten Hinweise.

2. Hinweis:
An dieser Station (nachdem sie den Hinweis-Schnipsel entdeckt hatten) hab ich an die Kinder Steine in unterschiedlichen Größen, Formen und Gesteinsarten verteilt. Die Aufgabe war, zunächst die Steine in den Fingern genau zu ertasten: groß/klein, spitz/rund, kegelig/flach usw.
Sie sollten nun die Steine und ihre Hände hinter den Rücken nehmen und nach rechts an den jeweiligen Nachbarn weiterreichen, bis sie wieder ihren Stein ertastet haben.
Hierfür gab es dann das erste Kartenteil.

3. Hinweis:
Ein Schnipsel an einer Weggabelung mit dem Hinweis: „Folgt der Schlucht und findet das Seil. Aber Achtung!!! Hütet euch vor dem einäugigen Piraten!“
Die Schlucht war der vom Regen tief ausgewaschene Waldweg.

4. Hinweis:
Spätestens ab jetzt waren alle zusammen und wachsam.
An einem Ast einer großen Buche in ca. 2 Meter Höhe war der

nächste Hinweis an einem Seil befestigt. Außer der Reichweite der Kinder.
Um dort ranzukommen, mussten sie zuerst den Piraten vertreiben, der grimmig Wache hielt. (Ich hab auf eine Holzkiste einen „bösen" einäugigen Piraten gemalt und ein paar Stunden vorher dort aufgestellt). Jeder sollte nun ein paar Steine sammeln und aus ca. 2 Metern Entfernung versuchen den Piraten zu treffen und die wackelige Kiste umzuwerfen.
Hier wollte ich sehen, wie weit die Kinder mit der Motorik schon sind. 5-Jährige sollten schon einigermaßen gezielt werfen können. Ging recht flott! Bemerkenswert: Die Mädels waren beim Zielen deutlich besser als die Buben. Die Buben haben überallhin, mit richtig viel Kraft geworfen, aber nix getroffen.
Nachdem der Pirat besiegt war, mussten die Kinder versuchen an den Hinweis zu gelangen. Den Schnipsel allein mit Hüpfen zu erreichen war nicht möglich. Also kurz überlegt, und dann haben sie sich an die mitgenommenen Dinge erinnert. Der Lanzenträger hatte seinen Einsatz und nach ein paar Schlägen auch sein Erfolgserlebnis (wie gesagt, jeder ist auf seine Art mit seinen Fertigkeiten wichtig).

Jetzt gab es den 2. Teil der Schatzkarte.

5. Hinweis:
Der nächste rote Schnipsel war zwischen zwei großen Buchen zu finden. Da drauf stand: „Blickt nach Süden." Also ein wenig Rumgefriemel am Kompass und Richtung bestimmt.

6. Hinweis:
Der nächste Schnipsel war dort in ein paar Metern Entfernung zu sehen, auf der anderen Seite eines „reißenden" Flusses (kleiner, ruhiger Bach, gerade mal einen halben Meter breit).
Ich hab ihnen erklärt, dass es unmöglich sei auf die andere Seite zu hüpfen. Tags zuvor hab ich dort aber zwei Rundbalken deponiert.

Einer mit grad mal 'nen halben Meter und einen mit 2 Metern Länge. Die Balken haben sie dann auch bald entdeckt und erkannt, dass man damit einen Steg bauen könnte.
Dass der kleine Balken zu kurz war, haben sie auch bald rausbekommen. Der große war allerdings für ein Kind zu schwer. Also mussten sie gemeinsam zusammenarbeiten und den Balken zu sechst tragen und über den Fluss hieven. (Die 4 Buben haben es alleine versucht, nicht geschafft und bemerkt, dass auch die Mädels beim Tragen wichtig sind!)
Danach durften sie mutig sein und über den Balken balancieren.
Hier gab es dann den Hinweis, dass der nächste Teil der Schatzkarte im Fluss verborgen sei. Auch der war bald in der Nähe entdeckt. In einem wasserdichten Nutella-Glas war der 3. Teil der Schatzkarte.
Hier war die Lage des Schatzes markiert und man konnte den Bewacher (Drachen) erkennen. Außerdem stand auf der Karte, dass der Drache immer viel Durst hat.
Womit könnte man denn nun Wasser transportieren? Na klar: mit dem mitgebrachten Eimer! Also hab ich das Mädel mit dem Eimer Wasser schöpfen lassen und auf ging's zum nächsten Hinweis.

7. Hinweis:
Darauf stand folgender Satz:
„Natürlich muss derjenige, der meinen Schatz hier in der Wildnis finden will, sich auch in der Wildnis auskennen. Um rauszufinden, ob ihr auch dazu fähig seid, soll mir jeder zwei Tiere nennen, die im Wald leben." (Ein wenig Kenntnis über die heimische Tierwelt schadet nicht!)
War für die Kids kein Problem. Witzig und kreativ war auch die Antwort eines Jungen: „Drachen." (Na klar gibt's die im Wald! Haben wir ja auf der Schatzkarte Teil 3 gesehen!)
„Das 4. und letzte Kartenteil findet ihr beim Schild, auf dem alle Waldtiere abgebildet sind." (Hier steht eine Tafel vom Waldlehrpfad mit den Tieren am Waldrand.)

Auf diesem Kartenteil war nun der Ausgangspunkt für die eigentliche Schatzsuche klar zu erkennen: die Piratenburg! (auf unserem „Spielplatz" im Wald)
Auf dem Tisch vor dem Spielplatz mussten sie nun die Karte richtig zusammensetzen, um zu erkennen, wo der Startplatz war.
Von hier aus 25 Schritt auf einen großen Baum zu. (Zählen üben!)
Dann dreimal um den Baum laufen, bis man eine Bank erkennt – (war auf der Karte zu deuten) rückwärts zur Bank. Alle Mann von links nach rechts über die Bank klettern, zwischen ein paar Büschen durchzwängen, dann einen Ranger runter über den Weg (mussten sie auf der Karte erst entdecken) und wieder eine Böschung hoch.

Und hier war dann wieder ein Schnipsel:
„Hütet euch vor dem Drachen!! Kehrt um!"

Und dann die Frage: „Wollen wir jetzt so kurz vor dem Ziel umkehren?" Ein NEIN!!! von allen! (Hartnäckigkeit! Wille!) „Also vorwärts, auf zum Schatz!" (Angst besiegen) „Gemeinsam kann er uns nix anhaben! Zusammen bleiben!"
Dann hab ich die zwei Schwertträger nach vorn, den Schildträger als Beschützer in die Mitte, den Lanzenträger dahinter mit Lanze nach vorn und die Mädels geschützt dahinter positioniert.
Die Spannung und Aufgeregtheit war ihnen wirklich anzusehen!
Und dann um die Ecke hinter dem nächsten Baum ... der DRACHE!
25 cm groß, grün, plüschig mit Kulleraugen: ein erbärmlicher Anblick!
Aber der Drache hat gesprochen und gewarnt: „Kommt mir nicht zu nah! Ich kann Feuer spucken!" Und dann ist wirklich ein Mädel draufgekommen, man könnte ihm ja Wasser geben, weil er doch immer so Durst hat, und vielleicht löscht das auch sein Feuer!!!
Wau!!! Tolle Denkleistung für eine 5-Jährige!
Und der Drache hat getrunken ... Aber es war im zu wenig (na ja, die Kinder hatten ja auch die Hälfte des Wassers beim Transport

verschüttet). Also, hilft ja nix ... auf ihn mit Gebrüll!!! ... und das war wirklich LAUT!
Endlich konnte der Schaufelträger loslegen und die Schatzkiste ausbuddeln. (Hatte ich auch ein paar Stunden vorher dort eingebuddelt.)
Als Schatz waren kleine Piratentüten mit Süßigkeiten, Tröten und einem Knicklicht (Leuchtstab) drin.
Die Beute wurde dann gleich vor Ort genüsslich verspeist bzw. ausprobiert! Laut trötend ging's dann über die Wiese heim zum Bratwurstessen.
Die Kinder waren total begeistert und sprechen noch heute von dieser einmaligen Erfahrung.

Was für alle Spiele gilt

Egal ob im Winter oder Sommer: der Spaß und das Gemeinsame steht an erster Stelle. Das bedeutet auch manchmal einen Kompromiss und Konsens zu finden, was nichts macht, denn als Gedächtnistrainer kann ich Ihnen verraten, auch die Suche nach neuen Lösungen und Kompromissen regt das Gehirn an. Sie sollten die Lösungen nur nicht vergessen, sondern gleich richtig abspeichern. Wie das geht, erfahren Sie im Kapitel Mnemo-Technik.

3. Kapitel

Essen Sie sich schlau!

Das wissen Sie bereits aus dem Sport: Körper und Geist wollen auch durch eine gesunde Ernährung und Lebensweise unterstützt werden. Unser Körper ist ein ganzheitliches Konzept und wir können nur dann „fitter im Kopf" werden, wenn wir auch gut für unser leibliches und seelisches Wohl sorgen.

Wenn Sie als Familie zumindest die Grundlagen einer gesunden Ernährung und Lebensführung beachten, haben Sie eine wirklich gute Basis, auf der Sie, wenn Sie wollen, einen fundierten Ernährungs- und Bewegungsplan aufbauen können.

Was die Ernährung angeht, so ist unser Gehirn dann gut versorgt, wenn wir inhaltsstarke Ernährungsmittel zu uns nehmen. Experten empfehlen übereinstimmend eine ausgewogene Ernährung aus viel Obst und Gemüse, Produkten mit reichlich Eiweiß, Kohlehydraten, Vitaminen und Mineralstoffen, ballaststoffreichen (Vollkorn-)Getreideprodukten. Alles sollte möglichst frisch aus der Natur kommen und eine gute Herkunftsadresse haben, was für mich, wann immer möglich, kontrolliert biologisch bedeutet.

Aber bitte: Halten Sie sich nicht allzu „sklavisch" an diese Ernährungsform! Das würde nämlich bedeuten, dass Sie sich jede vielleicht nicht allzu gesunde Schlemmerei zwischendurch verkneifen müssten – und das sorgt auf Dauer für schlechte Laune, ist also auch nicht gerade förderlich für die Gesundheit! Gönnen Sie sich und Ihren Kindern zwischendurch ruhig mal etwas Süßes oder einen deftigen Braten, die Pommes vom Imbissstand oder eine Coca-Cola. Bedenklich sind solche Nahrungsmittel nur, wenn sie täglich auf dem Speisezettel stehen!

Bei allen frischen Lebensmitteln, also vor allem Obst und Gemüse, ist es ratsam, saisonal und regional einzukaufen, also heimischen Spargel zur frühsommerlichen Spargelzeit, frische Beeren im Sommer, Kohlgemüse im Winter usw. Wenn Sie immer gerade das essen, was uns unser Land zu den verschiedenen Jahreszeiten liefert, und exotische Lebensmittel vermeiden, die lange Flugzeiten und aufwendige Verpackungen mit sich bringen, tun Sie nicht nur Ihrer Gesundheit, sondern auch der Umwelt etwas Gutes! Außerdem sind die regionalen Produkte der Saison häufig auch preislich sehr günstig zu bekommen!

Kinder sind bei der Ernährung auf die Fürsorge der Großen angewiesen. Die Kleinen vergessen die Welt, während sie spielen, also müssen die Eltern darauf achten, ihnen immer wieder zwischendurch etwas bereitzustellen. Zum Trinken bieten sich möglichst gering gezuckerte Getränke wie etwa Saftschorlen oder Früchtetees an, auch ein paar Obststücke, frische Möhren oder Häppchen aus einer knackigen Kohlrabi kommen dann gut an. Viele Eltern sind von vornherein überzeugt, dass Kinder Obst und Gemüse generell ablehnen – meist stimmt das aber gar nicht, wenn man ihnen die gesunden Sachen appetitlich und mundgerecht „serviert"! Dazu zwischendurch mal ein Stückchen Schokolade oder ein Schälchen Eis – nichts dagegen einzuwenden!

Auch um die Ernährung von älteren Menschen müssen sich die jüngeren Angehörigen oft gezielt kümmern. Alte Damen und Herren sind oft regelrechte „Trinkmuffel", sie empfinden selbst bei großer Hitze oft kein Durstgefühl mehr und laufen dann Gefahr zu dehydrieren, d. h. mit zu wenig Flüssigkeit versorgt zu werden. Das kann zu schweren Kreislaufzusammenbrüchen führen! Manche Senioren helfen sich sehr gut damit, dass sie vier bis fünf kleine Wasserflaschen sichtbar deponieren, die es bis abends zu leeren gilt. Auf diese Weise ist zumindest für die Flüssigkeitszufuhr gesorgt, die unser Körper fast noch dringender als Nahrung benötigt. Wir können ohne Essen tagelang leben, ohne Wasser nicht. Hinter der Verwirrung eines älteren Menschen, die oft auf Durchblutungsstörungen zurückgeführt wird, kann ein eklatanter Mangel an Flüssigkeit stecken. Daher sollten sich ältere Menschen notieren, wie viel sie tagsüber trinken. So lässt sich durch ausreichendes Trinken – mindestens ein, besser zwei Liter täglich – eine Verbesserung mancher Hirnleistungsstörung erreichen. Genügend Flüssigkeit, gepaart mit mehr Ballaststoffen (z. B. Weizenkleie, ins Joghurt gemischt), unterstützt auch die Verdauung und beugt der im Alter vielfach auftretenden Verstopfung vor.

Auch der Appetit lässt oft bei älteren Menschen deutlich nach. Hier kann ein gezielter Essensplan für jeden Tag ebenfalls hilfreich sein.

Gehirnleistung und Wasser

Wasser hat Auswirkungen auf die Leistung und Denklust unseres Gehirns. Unsere grauen Zellen und die Synapsen im Hirn benötigen Wasser, damit sie schnell reagieren können. Zu wenig Wasser bedeutet: langsameres „Schalten“, steigende Vergesslichkeit, zuweilen Schwindelgefühle, Müdigkeit, Konzentrationsschwäche – kurz gesagt: zu wenig Flüssigkeit führt zu allgemeiner „Denk-Schlappheit“.

Aber auch unsere Motorik wird beeinträchtigt, wenn unser Körper mit Wasser unterversorgt ist. Muskeln und Gelenke sind nicht mehr so geschmeidig, manche Menschen berichten von einem leichten Zittern in Armen oder Beinen ... Das alles ist nicht sehr motivierend, wenn man beginnen will, etwas für sich zu tun! Trinken Sie deshalb reichlich – Ihr Körper dankt es Ihnen, indem er „läuft wie geschmiert“, und Ihr Geist wird sich ebenfalls nur allzu bereitwillig zum Training einfinden!

Volle Power fürs Gehirn – die besten Energiespender für Ihre geistige Fitness

Wenn Sie für eine ausgewogene, gesunde Ernährung sorgen, tun Sie Ihrem Körper und Ihrem Geist schon etwas Gutes. Es gibt aber noch einige spezielle Nahrungsmittel, die offenbar ganz besonders kraftvoll auf die geistige Fitness einwirken, und die ich Ihnen hier noch einzeln vorstelle.

„Gutes“ Fett

Große wissenschaftliche Studien haben ergeben, dass Omega-3-Fettsäuren offenbar das Lernvermögen und die Gedächtnisleistung verbessern können. Außerdem stehen sie in dem guten Ruf, Depressionen und Stimmungsschwankungen, Schizophrenie oder Demenz zu bekämpfen. Diese wertvollen Säuren stecken beispielsweise reichlich in bestimmten Fischsorten wie Lachs und Makrelen, Walnüssen und Kiwi, aber auch in verschiedenen Pflanzenölen, vor allem im Leinöl. Besonders die Omega-3-Fettsäure DHA (Docosahexaensäure), die in großen Mengen in Lachs enthalten ist, hat offenbar einen positiven Einfluss auf die Gesundheit: sie vermindert den oxidativen Stress, der für den Alterungsprozess und das Entstehen von Herz-Kreislauf-Erkrankungen mitverantwortlich ist.

Omega-3-Fettsäuren können das Lernvermögen und das Gedächtnis verbessern; Forscher sagen, dass diese Fettsäuren anscheinend die Synapsen bei ihrer Arbeit unterstützen und sich insgesamt positiv auf das Lernen und das Gedächtnis auswirken. Eine Untersuchung an britischen Studenten beispielsweise ergab, dass sie leistungsfähiger waren, wenn sie ausreichend Omega-3-Fettsäuren zu sich nahmen. Eine australische Untersuchung kam für sechs- bis zwölfjährige Kinder zum gleichen Ergebnis. Eine wissenschaftliche Untersuchung in Indonesien an 394 Kindern zeigte, dass vor allem Mädchen von Omega-3-Fettsäuren profitierten – was die australische Studie wiederum nicht aufzeigte.

Experten glauben auch, dass ein deutlicher Mangel an Omega-3-Fettsäuren zu Aufmerksamkeitsstörungen, Leseschwächen, Demenz, Depressionen, bipolaren Störungen und Schizophrenie führen kann.

Folsäure – das „Power-Vitamin“

Dieses essenzielle Vitamin, das unser Organismus nicht selbst herstellen kann, gilt unter anderem als sehr wichtig für ein gut funktionierendes Gehirn. Es findet sich in Orangensaft und Hefe sowie in Vollkornprodukten, grünem Gemüse wie Spinat, Brokkoli, Rosenkohl, in roter Bete und vielen anderen Gemüsesorten. Auch Eigelb und Nüsse, Weizenkeime und Weizenkleie, Obst, Fisch und bestimmte Fleischsorten – besonders Kalbs- und Geflügelleber – sind gute Folsäurelieferanten.

Ein Mangel an Folsäure kann offenbar die Entstehung von Depressionen oder Wahrnehmungsstörungen begünstigen. Studien konnten belegen, dass Folsäure die Entwicklung von kognitiven Einschränkungen und Demenz bremst und die Wirkung von Antidepressiva verbessert.

Öfter mal mit Curry würzen!
Die Curry-begeisterten Inder scheinen es uns vorzumachen: In ganz Indien ist die Quote an Alzheimer-Erkrankungen auffallend niedrig. Studienergebnisse deuten darauf hin, dass das im Currygewürz enthaltene Curcumin dafür verantwortlich sein könnte, dass dem Gedächtnisverlust durch Alzheimer oder auch durch Schädel-Hirn-Traumata entgegengewirkt wird. In entsprechenden Tierversuchen hat das Curcumin schon sehr deutlich seine Wirksamkeit gezeigt.

Gymnastik, Jogging und Co. – nicht nur für den Körper gut!

Körperliche Bewegung trainiert auch das Gedächtnis, das haben viele Studien längst bewiesen, denn Wissenschaft und Medizin sind daran interessiert herauszufinden, wie die Selbstheilungskräfte des Körpers angeregt werden können bzw. wie wir uns sogar im Vorfeld vor Erkrankungen schützen können. Bewegung und Sport stehen da neben Ernährung an erster Stelle. Und damit treffen sie bei Kindern und vielen Erwachsenen genau ins Schwarze. Kinder lieben es von Natur aus, sich zu bewegen, herumzukrabbeln und zu rennen, zu springen und zu klettern. Kaum haben Kinder das Krabbelalter erreicht, suchen sie nach permanenter Bewegung und Erweiterung ihres Bewegungsradius. Bei Eltern, die ich in diesem Familienbuch oft einfach als „Erwachsene“ bezeichne, steht der Sport oft ebenfalls ganz oben auf der Liste der Tagesaktivitäten. Die Fitnesscenter, Sportschulen und Frei- und Hallenbäder sind voll von bewegungsfreudigen Menschen. Und auch unsere heute so aktiven Senioren sind immer zahlreicher in Fitnessstudios, im Wald beim Walken oder beim Schwimmen anzutreffen. Herzlichen Glückwunsch: Der Sport ist bei allen Altersgruppen mitten im Alltag angekommen. Nutzen Sie diese neue Lust an der Bewegung und beschränken Sie sich nicht darauf, als Familie zusammen zu rätseln und zu knobeln! Wie wäre es mit einem gemeinsamen Waldlauf oder einem Familienbesuch im Schwimmbad? Und selbst wenn Sie alle zusammen kochen, ist ordentlich Bewegung in der Küche!

Welcher Sport ist der beste?

Welcher Sport unser Gehirn am positivsten beeinflusst, ist nicht ganz geklärt. Eines jedoch ist sicher: Jeder Sport, der Ihnen Spaß macht und Ihnen leichtfällt, ist richtig für Sie! Ich persönlich bevorzuge alle moderaten Sportarten in freier, gesunder Luft. Das heißt, wenn ich jogge, dann eher in einem Park oder Wald, als neben der Straße oder auf dem Laufband im Fitnesscenter, denn es geht mir nicht nur um die Bewegung allein, sondern auch um das wundervolle Gratispaket, das ich dazu erhalte: guter, weicher Waldboden, viel reiner Sauerstoff für meine Lungen und mein Herz-Kreislauf-System, das beruhigende Grün der Bäume, der Duft des Waldes!Ich begegne Tieren, die ich bei ihrem Treiben beobachten kann, höre das muntere Zwitschern der Vögel, ab und zu das Bellen der Hunde, das Rauschen und Rascheln der Blätter und die vielen anderen, so verschiedenen Geräusche der Natur. Dazu kommen mir Menschen entgegen, die mir freundlich zunicken. Nicht zu vergessen der Himmel über mir, der sich, je nach Jahreszeit, mal strahlend blau, mal wolkig graublau, mal stahlgrau zeigt, die verschiedenen Jahreszeiten, die ich intensiv wahrnehme ...

Sie merken schon, ein Lauf durch den Wald ist eine wahre Abenteuerreise für alle Sinne – und das alles bekommen Sie, ohne einen Cent Gebühr dafür zu bezahlen! Diese sinnlichen Genüsse regen mich an, ich nehme sie mit nach Hause, sie geben mir Kraft für den weiteren Tag. Nichts wirkt besser als Sauerstoff!

Damit will ich Ihnen natürlich Ihr Fitnessstudio oder Ihre regelmäßigen Besuche im Hallenbad oder in der Sporthalle nicht ausreden! Wenn Sie am liebsten an den Geräten schwitzen oder sich beim Volleyball verausgaben, nur zu! Jede Bewegung tut Ihrem Körper, Ihrer Seele – und Ihrem Gehirn gut! Nur einen Tipp möchte ich Ihnen wirklich ans Herz legen: Wenn Ihr Tagesablauf Ihnen nur wenig Zeit für Aufenthalte an der frischen Luft zulässt, sorgen Sie dafür, dass Sie wenigstens drei Mal in der Woche kurze Spaziergänge draußen machen können. Ihr Gehirn braucht regelmäßige Bewegung an der Luft, um optimal arbeiten zu können: Bewegung, das haben verschiedene Studien ergeben, erhöht die geistige Leistungsfähigkeit um rund 20%. Wenn Sie diese Bewegung dann auch noch an der frischen Luft ausführen, tun Sie Ihrem Oberstübchen noch einen besonderen Gefallen, denn es tankt reichlich Sauerstoff, von dem unser Gehirn beim Arbeiten reichlich verbraucht: Es heißt, dass innerhalb von 24 Stunden rund 70 Liter Sauerstoff verloren gehen. Damit die Nervenzellen im Hirn also ihr Lebenselixier in ausreichender Menge zur Verfügung haben, ist es so wichtig, immer wieder für Frischluftzufuhr zu sorgen. Sie können das übrigens Tag für Tag ganz einfach selbst spüren: Wenn Sie sich nach ein, zwei Stunden intensiver Arbeit im Büro müde und unkonzentriert fühlen, hilft es meist schon, das Fenster für ein paar Minuten weit zu öffnen – Sauerstoff strömt herein und macht Ihren Kopf wieder fit zum Weiterdenken!

Gehirngymnastik und Co.

Unsere Gesellschaft stützt sich ganz wesentlich aufs Denken, auf Kreativität und Fantasie. Deshalb ist es kein Wunder, dass immer mehr Methoden auftauchen, mit denen wir angeblich unser Gehirn zu wahren Höchstleistungen „hintrimmen“ können. Die Wirksamkeit vieler Methoden – wie etwa die aus der Kinesiologie entwickelte „Brain-Gym“ (also „Gehirngymnastik“) – ist unter Wissenschaftlern umstritten und lässt sich bisher noch nicht eindeutig beweisen. Unumstritten ist aber sicherlich, dass eine effektive Denkleistung untrennbar mit Bewegung verbunden ist. Um Informationen jeglicher Art geistig zu verarbeiten, müssen wir uns bewegen – immer! Wenn wir etwas hören, bewegt sich unser Kopf ganz automatisch dorthin, wo das Gehörte herkommt. Beim Lesen bewegen sich ständig unsere Augen. Bestimmte Bewegungen oder Gesten können uns „schlagartig" an bestimmte Ereignisse, Menschen oder Orte erinnern. Auch beim Schreiben benutzen wir viele Muskeln unseres Körpers. Bewegungen sind ein unverzichtbarer Bestandteil des Gesamtvorgangs „Lernen". Nur wenn wir mit unseren Sinnen die Welt um uns herum aufnehmen, verstehen wir sie auch geistig.

Halten Sie sich vor Augen, dass sich ein bewusstes Anwenden von verschiedenen Denk-, Konzentrations-, Atem- und Gymnastikübungen positiv auf die Gehirnleistungen auswirkt und Abbauerscheinungen des Gehirns entgegenwirkt. Wichtig ist meiner Meinung nach, dass wir uns nicht an eine einzige Methode klammern und glauben, dass diese allein die „seligmachende" ist. Kombinieren Sie einfach verschiedene Übungen miteinander, probieren Sie immer mal wieder etwas Neues aus – und entscheiden Sie sich auf jeden Fall für die Übungen, die Ihnen persönlich zusagen, Ihnen Spaß und keine Mühe machen. Und: Übertreiben Sie es nicht! Schon wenige Minuten bringen viel!

Ich habe Ihnen hier einige einfache Tipps und Übungen zusammengestellt, mit denen Sie jederzeit zwischendurch Ihr Gehirn in Schwung bringen und sich mit neuer Energie versorgen können.

Fitness für die Fußsohlen!

Weil unsere Gehirnleistung auch über die Reflexzonen der Fußsohlen aktiviert wird, empfehle ich Ihnen, sich ein sehr einfaches kleines Gerät für zu Hause anzuschaffen: ein mit Noppen besetztes Tritthöckerchen, im Handel oft „Aero-Step" genannt. Wenn Sie sich dieses z. B. ins Bad stellen und dann beim Zähneputzen immer abwechselnd auf- und absteigen (wie beim Aerobic-Kurs, nur viel weniger anstrengend!), dann erledigen Sie ganz nebenbei ein bisschen Fitnesstraining für Kreativität und Fantasie. Ein solcher Aero-Step ist übrigens auch bei Kindern sehr beliebt!

Runter vom Stuhl, rauf auf den Ball!

Auch wenn wir ab und zu unser Gleichgewichtsorgan beanspruchen, tun wir gleichzeitig unserem Gehirn einen Gefallen. Ein Sitzball ist dafür ideal: Wenn Sie nur mindestens eine Stunde täglich Ihren Büro- oder Schreibtischstuhl gegen diesen flexiblen Sitzball austauschen, trainieren Sie ganz nebenbei Ihren Gleichgewichtssinn und damit auch bestimmte Bereiche im Hirn.

Tanzen Sie Ihr Gehirn fit!

Forscher haben bereits darauf hingewiesen, dass Tanzen, vor allem bestimmte klassische Tänze wie Tango, Foxtrott oder Walzer, unsere Denkfähigkeit noch effektiver steigert als Joggen! Das wird jetzt alle Ehefrauen freuen, die Ihren „tanzmuffeligen" Mann schon längst einmal in einen Tanzkurs schleppen wollten: Hier haben Sie ein neues, sehr schlagkräftiges Argument dafür! Also, auf in die nächste Tanzschule!

Klein, aber wirkungsvoll: Gymnastikübungen für Jung und Alt

Mit den Bewegungen der folgenden Übung bringen Sie Ihr gesamtes Gehirn in Schwung. Stellen Sie sich hin und gehen Sie eine Weile auf der Stelle. Wenn Sie das Gefühl haben, sich ein bisschen „warmgelaufen" zu haben, ziehen Sie das rechte Knie hoch (bis etwa in Bauchhöhe oder nur so hoch, wie es Ihnen angenehm ist) und berühren Sie es dann mit dem Ellenbogen des linken Arms. Anschließend wechseln Sie die Seiten, bringen also dann Ihren rechten Ellenbogen mit dem linken Knie zusammen. Wiederholen Sie die Übung etwa 10-mal. Machen Sie diese Überkreuz-Bewegung langsam und bewusst und atmen Sie dabei ruhig und regelmäßig ein und aus.

Die folgende **Übung** stimuliert Geist und Körper gleichermaßen und ist außerdem sehr empfehlenswert, wenn Sie – wie so viele! – mit Verspannungen der Nackenmuskulatur zu kämpfen haben.
Stellen Sie sich gerade hin und sorgen Sie dafür, dass Ihre Knie entspannt sind. Beugen Sie, soweit möglich, das linke Ohr zur linken Schulter herunter. Wenn es geht, sollte Ihr Ohr so dicht an der Schulter liegen, dass ein Stück Papier fest dazwischengeklemmt wäre. Strecken Sie dazu den linken Arm aus. Jetzt malen Sie mit einem Finger dieser ausgestreckten Hand eine imaginäre Acht in den Raum vor sich. Setzen Sie für diese Bewegung Ihren gesamten Oberkörper ein! Folgen Sie dabei mit Ihren Augen Ihrer Fingerspitze. Wiederholen Sie diese Übung etwa fünf Mal pro Seite.

Diese **Übung** ist ideal für alle, die viel sitzen müssen, also auch für Schüler! Verspannungen im Becken werden mit ihr gelindert, Körperkoordination und Gleichgewichtssinn werden geschult, wovon auch Ihre Konzentrationsfähigkeit profitiert!
Setzen Sie sich auf einen Stuhl, strecken Sie die Beine aus und berühren Sie mit den Füßen den Boden. Nun legen Sie das linke Fußgelenk über das rechte und beugen leicht die Knie. Während Sie langsam ausatmen, beugen Sie sich, so weit es für Sie mühelos geht, nach unten in Richtung Ihrer Fußgelenke. Ihre Arme sind parallel zu den Beinen ausgestreckt. Atmen Sie anschließend ein und gehen Sie dabei wieder in Ihre normale Sitzposition zurück. Dann überkreuzen Sie Ihre Füße anders herum und machen die Übung noch einmal. Wiederholen Sie diese Übung pro Seite mindestens fünf Mal.

Diese **Übung** ist für alle gut, die die Koordination ihrer Augen verbessern und geschickter im Schreiben werden wollen. Sehr empfehlenswert für Schüler, die noch nicht so geschult im Schreiben sind!
Legen Sie ein großes Blatt Papier vor sich hin und nehmen Sie einen Stift in jede Hand. Versuchen Sie nun, so gut es geht, mit beiden Händen gleichzeitig einfache Formen (Kreise, Kringel etc.) zu zeichnen und diese auch noch spiegelbildlich aufs Papier zu bringen. Fällt Ihnen diese Übung sehr

schwer? Dann sagen Sie, während Sie zeichnen, bei den entsprechenden Handbewegungen laut „auf" oder „ab", das macht die Koordination einfacher.

Richtig atmen – gewusst wie!

Vielleicht haben Sie ja bisher geglaubt, dass Sie „ganz von allein" richtig atmen und es so etwas wie „falsches Atmen" gar nicht gibt? Das ist leider nicht der Fall – viele Menschen atmen im Alltag zu flach! Wenn Sie einen Säugling beim Atmen beobachten, werden Sie feststellen, dass sich beim Einatmen sein gesamter Bauchraum hebt und sich beim Ausatmen wieder senkt. Das Baby atmet automatisch richtig: durch den Bauch! Leider „verlernen" wir diese tiefe, gute Atmung im Lauf der Zeit. Die meisten Menschen gewöhnen sich an, nur nach oben, in den Brustraum hinein und damit zu flach zu atmen.

Deshalb ist es so wichtig, sich immer wieder darauf zu besinnen, tief in den Bauch und in die Flanken zu atmen. Legen Sie am besten einmal eine Hand auf Ihren Bauch und atmen Sie dann „in die Hand hinein". Wenn Ihnen das ungewohnt erscheint, ist das ganz normal – wenn Sie ab jetzt regelmäßig bewusst auf diese Art atmen –, und sei es zunächst nur ein paar Mal pro Tag, immer mal kurz zwischendurch –, dann werden Sie recht bald zu dieser tieferen Atmung übergehen. Und wetten, dass Sie sich damit wohler fühlen?

Das richtige Atmen ist der Schlüssel zu Vitalität und körperlich-geistiger Gesundheit. Schon in der Antike haben die Menschen geglaubt, dass die Atemluft lebensspendende Energie enthalte. Und von östlichen Kulturen geprägte körperlich-geistige Übungen wie Yoga, Qigong u. Ä. verweisen immer wieder auf die energiereiche Kraft des tiefen Atmens. Wer von uns hat es nicht schon selbst erlebt, dass bestimmte Stresssituationen durch ruhiges, bewusstes Atmen positiv beeinflusst werden? Tiefe, ruhige, regelmäßige Atemzüge, das wissen nicht nur Yogis, bringen Körper und Geist zur Ruhe, sie beleben und können negative Gefühle schnell abflauen lassen.

Wie wir ebenfalls alle wissen, passen wir ganz unbewusst unseren Atemrhythmus unseren Gefühlszuständen an. Das heißt, wir werden kurzatmig, wenn wir aufgeregt sind, bei Angst halten wir oft die Luft an. Wenn wir Kummer haben, seufzen wir unwillkürlich immer wieder tief auf. Auch wenn wir unsere Gefühle laut äußern, etwa durch Lachen und Weinen, Schreien und Kreischen, ist der Atem das, was diese Äußerungen hervorbringt!
Unser hektischer Alltag bringt uns oft in Stress, und der wiederum macht den Atem flach und zu schnell. Das hat zur Folge, dass im Blut nicht mehr ausreichend Sauerstoff vorhanden ist. So verengen sich die Gefäße und die Versorgung des Gehirns mit Blut wird nicht mehr ausreichend gewährleistet. Das ist die Erklärung dafür, dass Sie sich schlapp, müde und unkonzentriert fühlen und Ihr Gedächtnis nachlässt.

Alles gute Gründe, das tiefe und bewusste Atmen zu trainieren, finden Sie nicht? Im Folgenden biete ich Ihnen einige einfache Atemübungen aus dem Yoga an. Probieren Sie es aus – Sie werden sehen, es geht ganz einfach und die Wirkung ist großartig!

Atmen Sie sich cool!

Diese Übung ist wunderbar geeignet, wenn Sie nervös sind, sich geistig überfordert fühlen und Ihre Gedanken nicht zur Ruhe kommen. Setzen Sie sich bequem irgendwo hin – auf einen Stuhl oder auf den Boden – in einer Haltung, die Ihnen angenehm ist. Wichtig ist nur, dass Sie aufgerichtet sitzen, d. h., dass Ihr Brustkorb und Ihr Bauch nicht „eingeklemmt" sind. Atmen Sie zunächst einige Male tief in den Bauch hinein – beim Einatmen wölbt sich Ihr Bauchraum nach vorne, beim Ausatmen zieht sich die Bauchdecke wieder zurück. Rollen Sie jetzt die Zunge zusammen und strecken Sie sie ein Stück weit aus dem Mund heraus. Das sieht ein bisschen komisch aus, aber es beobachtet Sie ja keiner dabei! Atmen Sie nun langsam, ruhig und zischend durch die gerollte Zunge ein: Spüren Sie, wie kühl die Luft eindringt? Atmen Sie dann ruhig durch die Nase wieder aus – am besten mit einem Lächeln, das signalisiert dem Gehirn, dass es Ihnen gut geht! Dann rollen Sie wieder die Zunge ... wie oben. Wiederholen Sie diesen Vorgang ca. 10-mal. Stellen Sie sich jedes Mal beim Einatmen vor, dass mit der Atemluft kühle Energie in Sie hineinströmt und Ihren wirren Kopf „abkühlt".

Machen Sie zum Ende der Übung die Augen zu, atmen noch ein paar Mal tief durch den Bauch ein und aus und genießen Sie das Gefühl der Ruhe, das Sie nun bestimmt empfinden.

Entspannen Sie die Stirn!

Diese Atemübung beugt Kopfschmerzen vor und kann vorhandenes Kopfweh sogar deutlich lindern. Yogis sagen, dass diese Übung außerdem die geistige Kreativität und den Zugang zur Intuition verbessert. Auf jeden Fall ist sie eine hervorragende Entspannungsübung!

Setzen Sie sich wieder bequem in der von Ihnen bevorzugten Haltung hin. Wenn Sie mögen, können Sie auch dabei stehen. Schließen Sie für einen Moment die Augen und entspannen Sie bewusst Ihren oberen Gesichtsbereich. Legen Sie jetzt eine Hand in die Mitte zwischen die Augenbrauen, auf das sogenannte „Dritte Auge". Drehen Sie die Hand mit sanftem Druck abwechselnd nach rechts und nach links. Nach einer Weile streichen Sie, ebenfalls mit leichtem Druck, vom Punkt zwischen den Augenbrauen aus über die Stirn nach oben zum Haaransatz. Wiederholen Sie auch diese langsame Bewegung einige Male.

Legen Sie jetzt die Zeige- und Mittelfinger beider Hände direkt über die Augenbrauen und streichen Sie mehrmals sanft von der Mitte aus seitlich über die Stirn zu den Schläfen.

Achten Sie darauf, dass Sie während der gesamten Übung ruhig und gleichmäßig durch den Bauch atmen.

Am Ende lassen Sie die Arme neben den Körper sinken, behalten die Augen noch eine Weile zu und genießen den Zustand der tiefen Entspannung, bevor Sie Ihr Tagwerk mit neuem Schwung fortsetzen.

Lockern Sie Nacken und Schultern!

Ach ja, der Nacken- und Schulterbereich ... eine unserer anfälligsten Körperzonen, wenn Stress und Anspannung unser täglicher Begleiter sind! Diese Yoga-Übung eignet sich nicht nur für erwachsene Schreibtischarbeiter und alle, die vor allem im Sitzen tätig sind. Auch gestresste Schüler werden davon sehr profitieren! Die Übung hilft, die im Nacken blockierte Energie wieder fließen zu lassen und neue geistige Kraft zu tanken.
Nehmen Sie die übliche Grundhaltung ein: bequem und aufrecht sitzen, Augen zu, tief, regelmäßig und bewusst über den Bauch ein- und ausatmen. Ziehen Sie dann beim Einatmen die Schultern sehr weit hoch – etwa bis auf Ohrenhöhe – und spannen Sie sie richtig an. Spüren Sie gut nach, wie sich die angespannten Schultern anfühlen! Während Sie ausatmen, lassen Sie die Schultern wieder sinken, und spüren Sie dann wieder nach, wie sich die gelockerten Schultern anfühlen. Wiederholen Sie diesen Vorgang mehrere Male.
Rutschen Sie anschließend auf Ihrem Stuhl nach vorne, sodass Sie sich mit dem Rücken nicht mehr anlehnen. Ziehen Sie beim Einatmen die Schulterblätter stark nach hinten zusammen, als wollten Sie etwas zwischen den Schulterblättern festklemmen. Spüren Sie wieder nach: Wie fühlt sich die Anspannung an? Beim Ausatmen lösen Sie die Schulterblätter und kehren in die Ausgangshaltung zurück. Machen Sie sich bewusst, wie sich die Schulterblätter in der gelösten Haltung anfühlen. Wiederholen Sie auch diese Bewegungen mehrere Male.
Anschließend lassen Sie die Arme locker neben dem Körper hängen. Spüren Sie, wie eine wohlige Wärme durch Ihre Arme in die Finger fließt? Spüren Sie vielleicht auch ein angenehmes Kribbeln? Das nennen die Yogis „Lebensenergie“ – die Energie, die nur dann fließen kann, wenn Schultern und Nacken entspannt sind!

Meditation

Wenn Sie zu den Menschen gehören, die sich am besten in der Ruhe entspannen können, ohne sich viel zu bewegen, dann könnte Meditation das richtige für Sie sein. Wenn Sie das Meditieren fundiert lernen wollen, sollten Sie sich einen geeigneten Kurs suchen – selbst die Volkshochschulen bieten inzwischen Einsteiger-Seminare an, außerdem bieten sich zahlreiche private Institute an.

Dass Meditieren einen günstigen Einfluss auf die geistigen Fähigkeiten, die mentale Fitness und Kreativität hat, darauf weisen einige Forschungsergebnisse hin. So haben z. B. Wissenschaftler der Universität Wisconsin in einer Studie mit tibetischen Mönchen herausgefunden, dass ein durch Meditation geschultes Gehirn ganz anders funktioniert als ein ungeschultes. Die Studie kam unter anderem zu den Ergebnissen, dass Menschen, die seit Langem regelmäßig meditieren, während der Meditation eine erhöhte Frequenz von Gamma-Wellen im Gehirn aufweisen. Gamma-Wellen deuten auf erhöhte geistige (Lern-)Aktivität und intensive Konzentration hin. Zudem war diese Gamma-Wellen-Frequenz schon erhöht, bevor die Mönche überhaupt begonnen hatten zu meditieren. Das lässt den Schluss zu, dass die Meditation dauerhaft günstig auf das Gehirn einwirkt und nicht nur zum eigentlichen Zeitpunkt des Meditierens.

Was auch immer Studien sagen – zweifellos ist Meditation für diejenigen, die Zugang zu dieser spirituellen Praxis finden, ein äußerst angenehmes, wohltuendes und effektives Mittel, für tiefgehende Entspannung zu sorgen und damit auch die Gehirnleistungen zu unterstützen.

Eine kleine Sinnes-Meditation für zwischendurch ...

Hier möchte ich Sie dazu einladen, sich, wo immer Sie gerade sind, ob im Büro, zu Hause, auf dem Schulhof ... eine kleine Auszeit zu nehmen und sich gedanklich an einen wunderschönen Ort zu versetzen. Schließen Sie die Augen und stellen Sie sich vor, Sie sitzen auf einer blühenden Sommerwiese. Unweit von Ihnen plätschert ein kleiner Bach vorbei. Am Horizont erheben sich sanfte, grasbewachsene Hügel, über die sich ein heller Wanderweg schlängelt. Die Wiese, auf der Sie Platz genommen haben, ist voller leuchtend gelber, violetter und roter Blumen, das Gras ist sattgrün und weich. Die Sonne scheint Ihnen angenehm warm aufs Gesicht und neben Ihnen im Gras steht ein kleiner Picknickkorb mit einer leckeren kleinen Mahlzeit und einem kühlen Getränk. Ab und zu fliegt ein Vogel am Himmel vorbei, zwischendurch hören Sie das beruhigende sonore Summen einer Hummel ganz in Ihrer Nähe, und manchmal vernehmen Sie auch das ferne Motorengeräuschs eines kleinen Flugzeugs, das weit weg seine Kreise zieht ...

Geben Sie sich ganz dieser Traumreise hin und setzen Sie all Ihre Sinne ein, um diese Situation zu erleben. Betrachten Sie die Landschaft um Sie herum, die Farben und Formen ... Lauschen Sie dem Murmeln des Bachs, dem Summen der Hummel, dem Brummen des Flugzeugs ... Spüren Sie den lauen Lufthauch und die Wärme der Sonne auf Ihrer Haut ... Riechen Sie die klare, reine Luft und den Duft des Grases ... Schmecken Sie ganz bewusst Ihre Lieblingsbrotzeit und das erfrischende Getränk dazu ...
Wenn Sie diese „Traumreise“ mit allen Sinnen durchleben, dann entspannen Sie sich nicht nur auf höchst angenehme Weise und tanken wieder neue Kraft für den Rest des Tages. Es gelingt Ihrem Gehirn auch ohne Mühe, all die Eindrücke später wieder abzurufen – erinnern Sie sich? Je mehr Sinneseindrücke Sie haben, desto komplexer werden diese Eindrücke im Hirn abgespeichert und desto leichter und dauerhafter können Sie diese Situation später wieder abrufen.

Natürlich sollten Sie es nicht bei einer reinen Traumreise belassen! Suchen Sie doch, sobald Sie wieder einmal Zeit und Muße haben, einen solchen wunderschönen Ort auf! Wie wäre es mit einem Familienpicknick auf einer blühenden Wiese im nächsten Sommer, bei dem jeder den anderen so viele Sinneseindrücke wie möglich schildert ...?

Entspannung und neue Geisteskraft durch Düfte

Vertreter der Aromatherapie und verwandter Disziplinen sind überzeugt, dass der gezielte Einsatz von Aromaessenzen und Düften positiv auf die geistig-mentalen Fähigkeiten wirkt. Auch bei dieser „Disziplin“ streiten wieder viele mehr oder weniger gelehrte Menschen darüber, ob es sich bei Düften und Co. um wirkungslosen „Schnickschnack“ handelt oder ob ein echter therapeutischer Nutzen damit zu erzielen ist. Ich enthalte mich da der Meinung, glaube aber, dass angenehme Düfte auf jeden Fall positiv auf uns wirken, uns helfen können, abzuschalten oder uns zu beleben und zu erfrischen. Was guttut, ist gut – probieren Sie es also ruhig einmal aus, welche Düfte Ihnen guttun! Im Folgenden habe ich Ihnen einige Aromen zusammengestellt und die Wirkung beschrieben, die man ihnen zuschreibt. Entscheiden Sie selbst, was für Sie richtig ist!

Anis: soll bei innerer Unruhe, Überreiztheit und Verspannungen entspannend, ausgleichend und stabilisierend wirken.

Bergamotte: soll Stress und Erschöpfung entgegenwirken und die Kreativität fördern, soll entkrampfend, stimmungsaufhellend und angstlösend wirken.

Eukalyptus: soll unter anderem bei Lethargie, Konzentrationsschwäche und Schlappheit anregend und stärkend sein.

Petitgrain: soll inspirieren, den Geist öffnen und die Fantasie fördern, entspannend und erfrischend wirken.

Pfefferminze: angeblich erfrischend und gedächtnisstärkend bei geistiger Erschöpfung und Unkonzentriertheit.

Zitrone: soll erfrischend und belebend wirken und helfen bei Abgeschlagenheit, depressiven Verstimmungen und Konzentrationsschwäche.

4. Kapitel

Ein Leben lang lernen

Wie und mit welcher Lust Menschen – jeden Alters – lernen, ist eine höchstpersönliche Angelegenheit. Manche Menschen lernen am besten „auf die letzte Minute", andere benötigen eine entspannte Zeiteinteilung. Und dann spielen auch noch unsere Sinne eine Rolle, wenn es darum geht, wie leicht wir Informationen aufnehmen und behalten.

Niemand lernt auf passive Art! Lernen ist ein aktiver Vorgang, der nur unter Mitwirkung des Lernenden überhaupt funktionieren kann. Jedes Gehirn erzeugt Wissen sowie die dazugehörige Bedeutung auf seine ganz individuelle Weise. Je „cooler" und gelassener man das Lernen angeht, desto effektiver ist es. Effektiv bedeutet im Sinne des Gedächtnisses: Das, was wir behalten wollen, soll den Filter vom Kurz- zum Langzeitgedächtnis passieren, um dort jederzeit abrufbereit zur Verfügung zu stehen. Die Mnemotechnik leistet dazu einen wertvollen Beitrag.

So funktioniert Lernen

Wenn Sie das, was Sie lernen bzw. sich merken wollen, mit einer Geschichte verknüpfen, können Sie alles viel besser behalten. Und nicht nur Geschichten helfen, sondern insbesondere auch Gefühle, das heißt, wenn wir dabei etwas „fühlen", also diese Geschichten mit Emotionen ausschmücken und unterlegen. Aber nicht nur „wie" wir etwas lernen oder erfahren, sondern auch das „Wo", sprich der Kontext spielt eine große Rolle. Der Kontext, also der Gesamtzusammenhang bzw. das gesamte Umfeld, an dem eine neue Information erscheint, angefangen vom Ort, an dem sich der Lernende befindet, über die augenblickliche Lern- und Lebenssituation bis zu den Emotionen, die mit der Präsentation des neuen Stoffes verbunden sind.

Emotionen haben nach wissenschaftlicher Definition zwei Dimensionen:

Eine Stärke (viel – wenig) und
eine Wertigkeit (gut – schlecht; positiv – negativ).

Und es ist noch ein körperlicher zu benennen, denn auch das autonome Nervensystem, wie das Hormonsystem, ist beim Lernen mitbeteiligt.

Am besten werden Geschichten behalten, wenn Sie alle Sinne dafür einsetzen. Schmücken Sie Ihre Geschichten mit:

1. *visuell (Farben, Formen)*
2. *akustisch (Klänge, Geräusche)*
3. *kinästhetisch (Empfindungen, Tastsinn)*
4. *gustatorisch (Geschmack)*
5. *olfaktorisch (Gerüche)*

Durch das Einflechten der Sinne werden Geschichten sehr plastisch. Sie erinnern sich dann nicht an eine Ansammlung von Bäumen, sondern an einen Wald mit weichem Boden, Pilzen am Rand und zwitschernden Vögeln.

Wir denken in Bildern!

Beobachten Sie sich selbst, wie oft Sie etwas, das Ihnen ein Freund oder Bekannter erzählt, in innere Filme umsetzen. Je schöner dieser Mensch erzählt, je öfter er Sinnwahrnehmungen einbaut, desto leichter gelingt Ihnen das. Je magerer die Beschreibungen sind, desto weniger können wir uns etwas vorstellen und driften mit den Gedanken ab. Das Zuhören macht dann einfach keinen Spaß mehr. Und das gilt für Jung und Alt. Wenn Geschichten behalten werden sollen, müssen sie plastisch sein. Deswegen sind meine Geschichten, besonders die, die ich für die Mnemotechnik verwende, sehr skurril, witzig und übertrieben. Je übertriebener und lustiger, umso besser, denn so wird die Geschichte „merk-würdig“.

Was, wenn es keine Geschichten gibt?
Kurz geantwortet: Dann muss man den Dingen, Fakten oder Zahlen eine Geschichte und damit eine Bedeutung geben.

Wenn ich mir z. B. die abstrakte Zahl 8 merken möchte, dann ist das für mein Gehirn erst mal nicht „merk-würdig". Ich muss die Zahl 8 emotional aufladen, damit sich mein Gehirn besser etwas darunter vorstellen kann. Die 8 könnte für eine Achterbahn stehen. Schmücken Sie dieses Bild nun aus: Es ist ein Unterschied, wenn Sie NUR von einer „Achtbahn" sprechen, um sich an die Zahl 8 zu erinnern, oder in Ihr Bild eine rote Looping-Achterbahn mit schreienden Menschen, denen der Wind ins Gesicht bläst, einbauen. Dieses Bild bleibt viel eher im Gedächtnis haften, weil gleich mehrere Regionen in Ihrem Gehirn angesprochen werden.

Die Gehirnforschung belegt, dass Fakten erheblich leichter zu behalten sind, werden sie mit emotional geladenen Geschichten verbunden.

Emotionale Beteiligung beim Lernen und Motivation

Der Wissenschaftler Manfred Spitzer untersuchte, ob sich die Erinnerungsleistung neutraler Wörter je nach Gefühlskontext änderte. Eindeutig wurde festgestellt: Der emotionale Kontext, in dem ein Wort jeweils erlernt wurde, hat einen Einfluss auf die Gedächtnisleistung. Am besten hat man sich an Wörter erinnert, die mit einem positiven emotionalen Zusammenhang eingespeichert wurden. Es ließen sich sogar unterschiedliche Gehirnbereiche identifizieren, die je nach emotionalem Kontext an der Erinnerung beteiligt waren, aber alle Ergebnisse legten dar, dass Gefühl und Denken eng miteinander verbunden sind und – dass Lernen bei guter Laune am besten funktioniert! Optimal ist Lernen dann, wenn es Spaß macht. Das Wohlbefinden setzt im Gehirn Neurotransmitter wie Dopamin frei, die Voraussetzung dafür sind, dass die elektrochemischen Impulse in den Nervenzellen weitergeleitet werden.

Unser Gehirn kann nicht NICHT lernen – es lernt in jedem Augenblick, denn in jedem Moment nimmt es Signale, Informationen aus seiner Umgebung auf und verarbeitet sie. Und immer dann, wenn das Gehirn die Begegnung mit etwas Interessantem, Neuem registriert, wird Dopamin ausgeschüttet, eine Art natürlicher Motivator. Die Dopaminfreisetzung bewirkt eine größere Klarheit des Denkens und versieht Dinge und Ereignisse in der Umgebung mit Bedeutung. Mit anderen Worten: Es entspricht eigentlich der menschlichen Natur, motiviert zu sein; das Gehirn liefert dazu das notwendige Rüstzeug und ist immer aktiv.

Wer motiviert ist, lernt leichter: Das Neue setzt sich schneller im Gehirn fest. Daraus ergibt sich wiederum eine positive Lernerfahrung, ein Lernerfolg. Und wer erfolgreich ist, stärkt sein Selbstbewusstsein und seine positive Grundstimmung, sodass er damit wiederum die Motivation stärkt – ein positiver Lernkreislauf!

Das scheint aber vielen leichter gesagt als erreicht! Schließlich sind so viele Lernende – besonders Schüler – alles andere als motiviert! „Kein Bock auf Lernen“ hat aber meist seinen Grund nicht darin, dass ein Schüler zu faul dazu wäre. Nein, vielmehr wird das zu Lernende viel zu oft schlecht vermittelt – und damit auch schlecht bzw. gar nicht aufgenommen! Unsere Kinder benötigen nicht nur Wissen, sondern auch die Lehre, wie sie das Wissen gut und sinnvoll abspeichern, so, dass es im richtigen Moment abgerufen werden kann. Hinzu kommt natürlich, dass wir in unserer Gesellschaft eher Fehler zählen als das, was erfolgreich umgesetzt wurde. Was ist motivierender: „Die Hälfte ist falsch!“ oder „Die Hälfte ist richtig!“ Motivieren Sie sich selbst und Ihre Kinder, damit mehr und mehr Freude am Lernen zurückkehrt.

Wir sind von Natur aus motiviert!

Beobachten Sie kleine Kinder unter fünf Jahren. Sie lernen ungeheu-

er schnell – weil sie so motiviert sind! Egal, ob die ersten Schritte wackelig sind und immer mal wieder eine Pause eingelegt werden muss. Kleine Kinder lachen und werden Schritt für Schritt mutiger, wenn sie gelobt und positiv „an die Hand genommen" werden. Jeder neue Handgriff wird zum Erfolg. Und wir Erwachsenen loben kleine Kinder gerne. Das sollten wir auch bei den größeren Kindern, bei uns selbst und auch bei Senioren beherzigen.
Menschen brauchen Lob und Anerkennung. Nicht nur kleine Kinder.

Die positiven Gefühle beim Lernen sind das Ausschlaggebende, nicht die Perfektion. Sie müssen nicht immer alles richtig machen, aber Sie müssen Spaß am Lernen haben und in der Lage sein, über Fehler großzügig hinwegzusehen!
Nicht nur Sie und Ihre Familie profitieren davon, sondern die ganze Gesellschaft! Deswegen komme ich gerne in Schulen, um mein Wissen an Schüler, Lehrer und Eltern weiterzugeben.

Gehirn-Netzwerke

Gefühle und Geschichten fördern den Lernerfolg aber auch noch aus einem anderen Grund: Wenn Sie einen Stoff lernen und dabei gleich auf mehreren Ebenen Bezüge herstellen können (also z. B. auf die Situation bezogene Eindrücke, gefühlsmäßige Verbindungen, Interaktion mit anderen), dann wird der Stoff gleich an mehreren Stellen im Gehirn abgespeichert. Das bedeutet, dass die Nervenzellen viele Vernetzungen schaffen, und so können Sie das Gespeicherte umso leichter wieder abrufen.
Wenn Emotionen und Geschichten beim Lernen beteiligt sind, dann geben die Synapsen im Hirn die ankommenden Informationen viel intensiver an die nachfolgenden Nervenzellen weiter, als wenn die Information nur einförmig und „gedacht" im Gehirn ankommt. Man kann im Gehirn deutlich feststellen, dass emotionale Informationen schneller weitergegeben werden als rein kognitive!
Man kann diese Vorgänge am besten durch dieses Bild verdeutlichen: Wenn wir nur kognitiv, also rein aufs Denken bezogen, lernen, dann haben

wir einen einzelnen Schlüssel zum Lernstoff in der Hand. Gefühlsintensive Geschichten oder Bilder verhelfen uns dagegen zu einem dicken Schlüsselbund, mit dem wir die verschiedenen Türen zum Erlernten aufschließen können.
Um das Gedächtnis zu stärken, müssen wir also immer wieder neue Netzwerke im Gehirn erschaffen. Wie können wir das noch unterstützen? Indem wir den Lernstoff nicht nur über einen, sondern über mehrere Sinneskanäle gleichzeitig aufnehmen. Wieder sind alle Sinne gefordert – und das geht über das Geschichtenerzählen weit hinaus.

Allgemein gilt: Wir behalten

10 Prozent dessen, was wir nur lesen,
20 Prozent dessen, was wir hören,
30 Prozent dessen, was wir sehen,
50 Prozent dessen, was wir hören und sehen,
70 Prozent dessen, was wir selbst sagen,
90 Prozent dessen, was wir selbst tun.

Erinnern Sie sich ans Lernen in der Schul-, Ausbildungs- oder Studienzeit? Wir mussten lesen oder hören oder sehen. Das Erlernte dann auch praktisch anzuwenden, dazu kamen wir oft nicht einmal! Wen wundert es da, dass alles graue Theorie bleibt und so vieles schnell wieder aus dem Gedächtnis verschwindet?

Nach aktuellem Stand der Forschung gibt es diese unterschiedlichen Lerntypen:

- *Der visuell-verbale Typ:* Er holt sich seine Informationen am liebsten durch Lesen.
- *Der auditiv-verbale Typ:* Das gesprochene Wort, etwa in Vorlesungen, Reden, Vorträgen, ist seine bewährte Grundlage fürs Lernen.
- *Der auditiv-kommunikative Lerntyp:* Er lernt am besten, wenn er über das Erlernte reden kann und sich mit anderen darüber austauscht (z. B. in Frage-Antwort-Spielen).

- *Der haptisch-motorische Lerntyp:* Er muss Dinge erfühlen und sich dabei bewegen, um Wissen dauerhaft abzuspeichern.

Somit macht es natürlich buchstäblich „viel Sinn", jeden Lernstoff auf allen Sinneskanälen anzubieten. So kommen alle Lerntypen zum Erfolg!

Übung macht den Meister ...

Unser Gehirn ist kein Sprinter, nein, es ist beim Lernen sehr langsam! Wir müssen Erlerntes häufig wiederholen, damit im Gehirn ein verlässliches Netzwerk des Wissens entstehen kann. Drei bis fünf Wiederholungen des Lernstoffs in den ersten drei Tagen sind auf jeden Fall nötig, um eine erste Verfestigung im Hirn zu erzielen. Der Lernstoff ist dann ins Langzeitgedächtnis „gewandert", damit er dort auch bleibt und nach Bedarf abgerufen werden kann. Das sollte man aber auch nach diesen drei Tagen noch mehrfach wiederholen!

Dabei gilt: Lieber mehrere kurze Wiederholungs-Lernphasen einbauen als eine einzige, die dafür sehr lang ist! Die Synapsen im Gehirn werden mit jeder Wiederholungseinheit stärker – das heißt, die Informationen werden immer schneller, intensiver und besser weitergegeben. Somit verändert sich ständig das Neuronen-Netzwerk im Hirn. Die besten Lernerfolge erzielen wir, wenn wir den Stoff in Abständen von Tagen und Monaten wiederholen, damit die neuen Informationen sicher vom Kurz- ins Langzeitgedächtnis wandern!

Am besten ist es, jeden Lernstoff in einem möglichst breit gefächerten Kontext aufzunehmen. Je mehr Eindrücke wir beim Lernen aufnehmen, desto vielfältiger sind die Wege, auf denen der Stoff in die Nervenzellen wandert. Diese schaffen dann ein raffiniertes Netzwerk im Hirn, in dem das Gelernte dann auf unterschiedliche Arten abgerufen werden kann.

Zusammenfassung

Optimale Lernerfolge erzielen Sie, wenn Sie

- das Gelernte in eine Geschichte einbetten (das kann eine wahre oder eine erfundene Geschichte sein);
- gute und entspannte Gefühle beim Lernen empfinden und dadurch motiviert sind (z. B. durch motivierendes Lob von anderen, keine Angst vor Fehlern);
- die Lerninhalte nicht nur theoretisch und abstrakt „in sich hineifressen“, sondern sie erleben, probieren und anwenden können;
- den Lernstoff auf mehreren Sinneskanälen (Riechen, Hören, Sehen, Berühren) aufnehmen können, sodass auch Ihr individu eller Lerntyp zu seinem Recht kommt;
- den Lernstoff nicht schnell in kurzer Zeit, sondern gestreckt über einen Zeitraum von mehreren Tagen oder auch Wochen immer wieder repetieren;
- sehr konzentriert ans Lernen herangehen – während Sie den Lernstoff ins Kurzzeitgedächtnis einspeichern, sollten Sie alles, was Sie von außen in Ihrer Konzentration stören könnte, abstel len;
- grundsätzlich dafür sorgen, ausreichend zu schlafen, sich zu bewegen, sich gesund zu ernähren und weitgehend auf Giftstoffe (Alkohol, Zigaretten usw.) zu verzichten.

Mit Ihrer Familie können Sie sehr vergnüglich die verschiedenen Mnemotechniken erproben und einstudieren, damit diese dann im schulischen und beruflichen Alltag bestens sitzen.

5. Kapitel

Wie Kinder lernen

Kinder lernen gerne und sie lernen mit spielerischer Leichtigkeit! Sie freuen sich, mit dem Krabbeln zu beginnen, üben hingebungsvoll und unermüdlich die ersten Brabbellaute und Schritte, ahmen Eltern, Geschwister und andere Vorbilder mit Präzision nach und reagieren ganz direkt auf Lob und Anerkennung. Sie sind von Natur aus neugierig, begeisterungsfähig und offen für alles, was es in der Welt zu sehen, zu erleben, zu erfahren und zu lernen gibt. Und: Das Gehirn eines Kindes motiviert diese Lernprozesse in bester Weise, indem die Zellen Dopamin ausschütten, sobald sich etwas Interessantes, aufregend Neues in der Umgebung tut – was ja bei einem kleinen Kind so gut wie ständig der Fall ist! Diese Ausschüttung verleiht den eingehenden Informationen sofort eine Bedeutung. Das Gehirn fühlt sich auf angenehme Weise angeregt und ist unverzüglich auf „Lernen" programmiert.

Sicher können Sie als Eltern das täglich beobachten. Nicht nur bei Ihren eigenen Kindern, auch bei den Kindern von Freunden oder in der Nachbarschaft. Kinder sorgen von sich aus für positive Lernerlebnisse, indem sie

- viele Fragen stellen,
- unser Lob abrufen,
- uns zur Motivation auffordern,
- mit uns Freude teilen und
- uns zum gemeinsamen Spiel einladen.

Das gemeinsame Spiel und Kniffeln ist dann ein Moment des gemeinsamen Lernens, denn nicht nur Ihr Kind trainiert sein Gehirn, Sie trainieren Ihres mit. Vom gemeinsamen Rätseln und Knobeln profitiert das alte ebenso wie das sehr junge Hirn, die Oma lernt vom Enkel, der Vater von der Ehefrau, die Älteren geben Erlerntes an die Jüngeren weiter und werden umgekehrt von den Jungen angeregt, mal wieder geistig ordentlich „Gas zu geben“ und sich im Oberstübchen anzustrengen. Wenn man all die Gehirnaktivitäten während eines Familien-Spieleabends sicht- und hörbar machen könnte, dann würde man staunender Zeuge eines schillernd-bunten, blinkenden, wild durcheinanderpiepsenden Spektakels werden!

Darüber hinaus verschafft das Spielen im Familienkreis eine gemeinsame Erlebniswelt, die Sie über die Situation hinaus in Erinnerungen und Erzählungen teilen können. Kniffeln und Lernen ist also weit mehr als pures Gehirnjogging: Nicht nur die Zellen des Gehirns werden vernetzt, sondern auch die Zellen der Familienseele! Durch das gemeinsame Spiel werden besondere Verbindungen geschaffen, die den Zusammenhalt und die Zukunft einer Familie fördern – über alle Generationen hinweg. Deshalb werde ich auch nicht müde, Familien zum gemeinsamen Spiel zu ermuntern. Hier schlagen Sie buchstäblich ein ganzes Fliegenheer mit einer Klappe!

Was das gemeinsame Lernen behindert

Nicht das Lernen selbst stellt eine mögliche Schwierigkeit dar, sondern die Einstellung, die wir dazu entwickelt haben. Wie oft hören wir von Erwachsenen ein „Puh!“ oder ein „Ach!“. Das Lernen ist in diesem Fall zur scheinbaren Belastung geworden, statt eine immer wieder neue Bereicherung darzustellen. Dass wir uns dem Lernen irgendwann im Leben nicht mehr neugierig und mit Freude widmen, das hat sicherlich auch etwas mit der permanenten Leistungskontrolle durch Benotung zu tun. Diese Leistungsmessung ist oft stressig und angstbesetzt. Immerhin bekommt ein Kind in der Schule bei einer ausreichenden Note nicht gesagt, dass es ausreichend, also um die 40–50% etwas wusste, sondern man zeigt ihm auf, was es nicht wusste. „Ausreichend“, so lernt das Kind, ist eben nicht ausreichend. Der Fokus liegt bei den meisten Prüfungen darauf, zu ermitteln, was die Schüler nicht können und nicht gelernt haben, aber nicht darauf, was sie können!
Das Lernen, wie wir es heute kennen und gewohnt sind, nimmt keine Rücksicht auf individuelle Begabungen oder Fähigkeiten. Ja, das Problem

ist, dass Schüler vielfach gar keine Chancen haben, ihre Begabungen überhaupt zu entdecken und zu entfalten, da sie in uniforme Lehrpläne hineingezwängt werden. Alle Schüler werden über einen Kamm geschert und am Ende kommt dann nur noch ein „Durchschnittsmaß", ein „Mittelmaß", heraus. Wie traurig – schlummern doch in unseren Kindern so viele unterschiedliche und wunderbare Fähigkeiten und Begabungen!

Die Reaktion, die viele auf diese traurigen alltäglichen Lernerfahrungen zeigen, ist nur allzu verständlich: Langsam, aber sicher vergeht die Lust am Lernen! Kein Wunder also, dass Kinder schon beim Kniffelspiel mit Großen leicht mal unter Druck kommen und dass viele Großeltern eher „Panik" als „freudige Aufregung" empfinden, wenn sie an Lernspiele mit ihren erwachsenen Kindern und Enkeln denken. Fast fühlt es sich so an, als würde eine Prüfungssituation entstehen. Dabei geht es doch beim gemeinsamen Spielen, Rätseln, Kniffeln und Knobeln gerade nicht um Leistung, sondern um den Spaß und den angenehmen Nebeneffekt, dabei auch noch das eigene Hirn in Schwung zu bringen!

Angst und Pauken

Wenn also nur ein bisschen Druck und Angst bei Lernsituationen entstehen – und seien diese auch noch so „einfach", wie zum Beispiel ein Rätselspiel mit den Eltern –, dann beginnen wir, uns blockiert zu fühlen. Ähnlich wie bei Stress reagiert der Organismus nämlich auch bei Angst. Unter Angst kann man zwar noch lernen, aber nur noch sehr begrenzt. Angst erzeugt einen bestimmten, eingeschränkten Verhaltensstil, der auf das rasche Ausführen einfacher, gelernter Routinen ausgerichtet ist, aber das lockere Assoziieren erschwert. Unter Prüfungsangst kommt man nicht auf eine einfache, nur etwas Kreativität erfordernde Lösung, die man normalerweise leicht finden würde. Man verrennt sich in einer Situation und bleibt in einem gedanklichen Käfig stecken. Die Art, wie unter Angst gelernt wird, erinnert an das trockene „Einpauken" von Lerninhalten.

Fassen wir nun noch einmal zusammen, wie Lernen bei Kindern funktioniert:

- Wenn Kinder von Erwachsenen vermittelt bekommen, dass es nichts wert ist, sich Wissen und Bildung anzueignen. In unserer „Spaßgesellschaft" messen immer mehr Menschen Wissen und Bildung keinen Wert mehr bei und geben diese Einstellung dann auch entsprechend an ihre Kinder weiter!
- Wenn Kinder keine Gelegenheit bekommen, sich aktiv an der Gestaltung der Welt zu beteiligen, etwa dadurch, dass sie einen Großteil ihrer Zeit vor dem Fernseher und/oder Computer verbringen.
- Wenn Kinder keine Freiräume mehr finden, um ihre eigene Kreativität spielerisch zu entdecken, wie es z. B. auf Abenteuerspielplätzen, in der freien Natur o. Ä. möglich wäre!
- Wenn Kinder mit Reizen überflutet, verunsichert, überfordert und verängstigt werden, z. B. durch das Schauen von nicht kingerechten Fernsehfilmen, zu häufige Besuche von „Spaßtempeln" und „Erlebnisparks", brutale Computerspiele oder auch durch belastende familiäre Situationen.
- Wenn Kinder daran gehindert werden, eigene Erfahrungen bei der Bewältigung von Schwierigkeiten und Problemen zu machen. Das geschieht vor allem, wenn Eltern einen überbehütenden und allzu verwöhnenden Erziehungsstil an den Tag legen.
- Wenn Kinder keine Anregungen erfahren und mit ihren spezifischen Bedürfnissen und Wünschen nicht wahrgenommen werden. Vernachlässigung durch die Eltern und andere wichtig Personen ist oft der Grund für solche Mängel.

Unter all diesen Umständen wird es dem kindlichen Gehirn sehr erschwert, komplexe Wissens-Netzwerke aufzubauen und damit eine immer stabiler werdende Bildungs-Grundlage zu schaffen.

Was Sie als Eltern tun können, um Ihren Kindern das Lernen zu erleichtern: Sie als Eltern haben viele Möglichkeiten, Ihrem Kind Spaß am Lernen zu vermitteln und es spielerisch zu fördern. Das A und O ist dabei, ihm grundsätzlich zu vermitteln: Wissen ist etwas Gutes, sei neugierig und offen, frage viel, interessiere dich für die Welt um dich herum! Glauben Sie mir: Es ist nicht schwer, dem Kind so eine Haltung vorzuleben.

Schon wenn Sie mit Ihrem Nachwuchs durch die Stadt gehen, können Sie gemeinsam immer wieder neue Welten entdecken. Nehmen Sie sich z. B. vor, sich gegenseitig auf Dinge aufmerksam zu machen, die Ihnen vorher noch nie aufgefallen sind. Oder spielen Sie „Ich sehe was, was du nicht siehst“ – ein hervorragender Spaß, der ganz nebenbei die Aufmerksamkeit fördert und dem Gehirn viel neues Futter zum Verarbeiten und Abspeichern gibt! Auch der gemeinsame Einkauf im Supermarkt muss keine langweilige oder anstrengende Pflichtübung sein – machen Sie ihn zu einem spaßigen Ausflug mit Gehirntrainings-Effekt! Verzichten Sie auf die Einkaufsliste und merken Sie sich schon vorher gemeinsam mit Ihrem Kind, was Sie alles kaufen wollen (die Mnemotechnik hilft Ihnen dabei, schauen Sie noch einmal auf Seite 66 nach!). Im Supermarkt kann es dann wirklich lustig zugehen, wenn Sie sich gegenseitig Eselsbrücken bauen und sich auf dem Weg durch die Gänge immer wieder neu an die gesuchten Produkte erinnern. Natürlich sind auch Ausflüge in die Natur wunderbar geeignet, Ihrem Kind mittels Spiel und Spaß neues Wissen nahezubringen, seine Kreativität zu fördern und seinem natürlichen Bewegungsdrang gerecht zu werden.
Die Lust am Lesen ist etwas, das Kindern leicht vergehen kann, wenn sie nicht vorgelebt bekommen, dass Lesen ihnen immer wieder neue Welten eröffnet. Ich finde es sehr traurig, dass mittlerweile so viele Kinder ihre Zeit lieber vor einem Bildschirm verbringen, als sich, wie meine Geschwister und ich es in unserer Kinderzeit mit Leidenschaft getan haben, durch aufregende Abenteuer und Entdeckungen in Büchern zu schmökern. Lesen macht außerdem nicht nur Spaß, es fördert ungemein die sprachliche Ausdrucksfähigkeit und die verbale Kreativität. Zeigen Sie Ihren Kindern, dass

Lesen etwas Schönes ist und immer wieder aufregende Neuigkeiten bereithält! Lesen Sie Ihren kleinen Kindern regelmäßig vor, das weckt ganz automatisch die Lust an der Literatur. Besorgen Sie gute, ausgezeichnete Kinderbücher, und achten Sie darauf, dass die erzählten Geschichten in den Büchern auch den Interessen Ihrer Kinder entsprechen!

Hausaufgaben – so gelingen sie am besten

Ganz klar: Hausaufgaben und Lernen für die Schule, das muss einfach sein. Nicht nur die Schüler, auch die Eltern stöhnen oft genug darüber, denn häufig müssen die Eltern als „unbezahlte Nachhilfelehrer" ran. Auch hier gilt wieder als wichtigste Grundlage: Nehmen Sie den Stress so weit wie möglich heraus! Schaffen Sie Ihrem Kind eine möglichst angenehme Arbeitsatmosphäre und vermitteln Sie ihm so oft wie möglich, dass Sie es anerkennen und lieben, auch wenn es nicht immer beste Noten nach Hause bringt! Ich denke, damit haben Sie schon einmal den wichtigsten Grundstein gelegt, damit sich Spaß und Freude nicht ganz aus den Lernerfahrungen Ihres Kindes verabschieden!

Wenn Sie feststellen, dass Ihr Sohn oder Ihre Tochter mit einem bestimmten Lerninhalt tatsächlich große Schwierigkeiten hat, scheuen Sie sich nicht, einen guten Nachhilfelehrer zu engagieren. Überzeugen Sie sich dann davon, ob Ihr Kind dadurch Fortschritte macht und wieder mit weniger Druck dem schwierigen Unterrichtsfach folgen kann.

Ganz wesentlich für den schulischen Erfolg Ihres Kindes ist die Frage, ob es den Lernstoff seinem individuellen Lerntyp entsprechend vermittelt bekommt. Die Schulen sind meiner Meinung nach zu wenig darauf ausgerichtet, auf diese natürlichen Unterschiede bei den Schülern zu achten. Manchmal ist es regelrecht tragisch: Da ist ein Kind nur deshalb schlecht in der Schule, weil es das geforderte Wissen auf eine Weise abspeichern soll, die ihm ganz einfach nicht entgegenkommt. Das Gehirn verweigert in so einem Fall ganz einfach seine Mitarbeit! Vielleicht wird das Wissen auf diese Weise für eine kurze Weile im Gehirn abgelegt, verschwindet aber meist ebenso schnell wieder, wie es „hineingepaukt" wurde!

Sie können ganz einfach feststellen, was für ein Lerntyp Ihr Kind ist – Sie brauchen nur zu beobachten, wie Ihr Kind sich generell verhält und was es tut, um sich Dinge zu merken. Was ich Ihnen vorhin zum Thema Lernen mit Hilfe der Sinne erklärte, wird nun pädagogisch wichtig.

Welcher Lerntyp ist Ihr Kind?

Ihr Kind ist ein *auditiver Lerntyp,* wenn es Gehörtes schnell und verlässlich abspeichert. Für diesen Lerntyp eignen sich natürlich Hörbücher besonders gut; auch vom regelmäßigen Vorlesen wird Ihr auditiv geprägtes Kind sehr profitieren. Schulwissen wird es am besten lernen, wenn es sich die Inhalte laut vorspricht; auch gutes Aufpassen im Unterricht reicht bei diesem Typ häufig aus, um das Gelernte zuverlässig abzuspeichern. Und beim Spiel- und Rätselspaß wird es dann unschlagbar sein, wenn es darum geht, zu wiederholen und weiterzuverarbeiten, was in der Runde schon gesagt wurde!

Wenn Ihr Sohn oder Ihre Tochter Gesehenes besonders gut verarbeitet, gehört er oder sie zum *visuellen Lerntyp.* Solche Kinder schreiben sich den Lernstoff häufig noch einmal auf, weil sie ihn dann optisch gut verarbeiten können. Außerdem helfen ihnen vor allem Bilder, Filme, Lernposter, Mindmaps, Flipcharts und Karteikarten, um sich den geforderten Stoff merken zu können. Ganz klar, dass Ihr visuell geprägter Nachwuchs immer dann als Gewinner aus einem Spiel hervorgeht, wenn es sich darum dreht, Dinge bildlich darzustellen oder sich Bilder gut zu merken!

Liebt Ihr Kind es besonders, sich zu zweit oder in der Gruppe über Inhalte auszutauschen, zu diskutieren und in verschiedene Rollen zu schlüpfen? Dann gehört es zum *kommunikativen Lerntyp,* dem weder Lesen noch Zuschauen noch Zuhören besonders liegen. Solche meist sehr lebhaften und aufgeschlossenen Kinder brauchen das Feedback der anderen, um sich über Lerninhalte klar zu werden. Alle Gruppenspiele, in denen es um Fragen und Antworten, Scharaden und Parodien geht, werden einem Kind dieses Lerntyps besonders liegen!

Rennt Ihr Kind am liebsten herum und hasst es, still zu sitzen? Dann gehört es zum *motorischen Lerntyp,* der Bewegung braucht, um Lerninhalte zu verarbeiten. Wenn ein Kind dieses Typs lernt, dann geht es dabei im Raum herum. Es sammelt Informationen und Erfahrungen beim direkten Tun, also wird es z. B. Lust an praktischen Aufgaben und physikalischen Versuchen haben und dabei gute Erfolge erzielen. Wenn es um Recheneinheiten geht, dann läuft es diese wahrscheinlich ab (etwa „ein Meter ist ein großer Schritt“). Diese Kinder brauchen besonders viele Freiräume, um ihre Lernfähigkeiten optimal nutzen zu können. Sie haben es oft besonders schwer, denn in der Schule ist nun einmal Stillsitzen angesagt! Sorgen Sie deshalb dafür, dass Ihr dynamisches Kind den Bewegungsspielraum bekommt, den es braucht. Lassen Sie es viel herumrennen und planen Sie beim Familienspiel reichlich Bewegungsspiele mit ein!

Dann gibt es natürlich noch die Kinder, die am besten „über den Geschmack“ lernen, die also gerne süße Belohnungen möchten. Auch bei Erwachsenen ist dieser Typ zu finden. Das sind dann die Menschen, die sich mit uns „auf ein Glas Wein“ oder ein „schönes Mittagessen“ verabreden, wenn es etwas zu besprechen gibt. Ich warne allerdings ein wenig davor, die Leistung von Kindern mit Essen zu belohnen oder zu verknüpfen. Wenn schon, dann eher Obst als Schokolade. Sie kennen Ihr Kind am besten und finden sicher eine gesunde Alternative, wenn Ihr Kind etwas zum Essen braucht, um sich zu motivieren.

Ich kann es nicht oft genug wiederholen: Alles, was Spaß macht und Druck vermeidet, lässt Ihr Kind mühelos lernen. Helfen Sie ihm dabei, seine ganz natürlichen Fähigkeiten zum Lernen optimal nutzen zu können!

6. Kapitel

Wie Sie Ihr Gehirn richtig auf Trab bringen ...

MNEMO-LOCI-Technik

Ihr Gehirn ist ein Laderaum: Es braucht etwas Organisation und Logistik, damit wirklich alle Informationen abgespeichert werden können, die Sie behalten wollen. Um das zu erklären, verwende ich gerne ein Beispiel aus der Welt der Schifffahrt.

Die *Emma Maersk* ist eines der größten Containerschiffe der Welt. Ca. 13.000 Container haben darauf Platz. Einfach riesig. Die *Emma Maersk* fährt nicht nur einen Hafen an, sondern verschiedene, und das nicht einzeln, sondern hintereinander. In jedem Hafen wird etwas ausgeladen und kommt eine neue Ladung hinzu. Jeder neue Container wird an einem ganz bestimmten Ort an oder unter Deck verankert. Es gibt dafür einen Plan und ein System, das heißt die Matrosen schauen nicht einfach nach, wo Platz ist, sondern die Ladung ist strukturiert. Dieser genaue Plan wird nicht jedes Mal neu erfunden, sondern die Lagerplätze bleiben immer gleich. Diese Ordnung sorgt dafür, dass die Ladung und Löschung der Container schnell und effektiv erfolgt. Kein Seemann muss sich am Kopf kratzen und kopfschüttelnd fragen: „Wie hieß noch mal die Firma, deren Container ich vorgestern hier an welchem Platz bloß abgestellt habe?“

Leider ist unser Gedächtnis oft nicht so gut organisiert wie die professionellen Schiffe und Häfen dieser Welt. Wir verankern die meisten Informationen unstrukturiert in unserem Kopf. Das merken Sie daran, wenn Sie einen Bekannten auf der Straße treffen, selbst freudig begrüßt werden und genauso freudig die Hand zurückschütteln, obwohl Sie innerlich in Ihrem Kopf nach dem richtigen Container suchen: „Mensch, den kennst du!“, denken Sie, aber der Name fällt Ihnen partout nicht ein. Erst nachdem Sie sich verabschiedet haben, ist es klar: „Genau, das war Herr Maier!“.

Sie hatten den Namen also nicht vergessen, sondern sind nur in dem Moment, als der Maier-Container gefordert wurde, nicht auf den Namen gekommen bzw. hatten keinen Lageplan, wo dieser Name in Ihrer Erinnerungsstruktur zu finden ist. Sie haben diesen Namen nicht mit einem Lageplan an einem festgelegten Ort verankert.

Damit Sie also schnell auf Informationen zugreifen können, brauchen Sie mentale Ankerplätze in Ihrem Gehirn. Diese werden Sie mit den nächsten Buchseiten in Ihrem Kopf installieren.

Die Lagepläne für das Gehirn nennt man unter anderem MNEMO-Technik. Denn nicht nur regelmäßiges Gehirnjogging unterstützt Ihr Gedächtnis, sondern ein guter Lageplan hilft Ihnen das zu finden, was Sie suchen. Mit der MNEMO-Technik richten Sie Ankerplätze für die Informationen ein, die Ihnen wichtig sind und die Sie wiederfinden wollen.

Alle wollen etwas „finden"

Kinder

- die ersten Buchstaben und Zahlen
- Worte, Bilder, kleine Regeln
- den Namen der Spielkameraden und Kindergartenerzieher
- wann der eigene Geburtstag ist
- Straßenverkehrsregeln
- in welcher Reihenfolge erste eigenständige Abläufe erfolgen, wie Brot schmieren, Zähne putzen, Kinderzimmerordnung

Jugendliche

- das Wissen, das sie für eine Prüfung brauchen wie einen guten Spickzettel im Kopf
- Vokabeln
- Geschichtszahlen, Formeln

- den Geburtstag der ersten Liebe (zumindest solange sie die erste Liebe ist)
- Fußballergebnisse
- Hitparaden
- Reisepläne, Webseiten
- Telefonnummern

Erwachsene
- Einkaufslisten
- Telefonnummern, Adressen
- Hochzeitstage, Geburtstage
- Geschenke, die sich der Partner wünscht
- Namen
- wichtige Zeiten, Daten
- Terminkalender
- Argumente für ein Kundengespräch
- Stichworte einer freien Rede
- Fach- und Allgemeinwissen

Senioren
- Einkaufslisten
- Namen
- Termine
- Ablagen im Haus

Der Begriff Mnemotechnik stammt übrigens aus dem Altgriechischen und leitet sich von „Mneme“ („Gedächtnis“, „Erinnerung“) und „Techne“ („Technik“, „Kunst“) ab. Zur Mnemotechnik gehören neben einfachen Merkhilfen wie Eselsbrücken auch komplexe Systeme, mit deren Hilfe man sich komplexe Inhalte merken kann. So weit solle es in diesem Familienbuch nicht gehen, aber ich möchte Ihnen natürlich Lust auf weitere Gedächtniserfahrungen und Trainings-Literatur machen.

Als Erfinder der Mnemotechnik gilt der griechische Dichter Simonides von Keos, der 557–467 v. Chr. lebte und der das erste Gedächtnistraining entwickelt haben soll. In der Antike war es üblich, dass Rhetoriker und Redner lange Vorträge hielten, ohne dabei einen Redetext zu verwenden. Auch den Rhetorikern, Philosophen und Politikern der Antike war also an einem guten Gedächtnis gelegen. Bestimmt gab es auch damals eine Art Konkurrenz, wer sich mehr und aufwendigere Reden merken konnte. Also übten sich schon damals die „Führungskräfte“ in der Mnemotechnik.

Es gibt weitere Gedächtnistechniken, die ich in meinem anderen Buch „Hirn in Hochform“ bereits erklärt oder mit Ihnen auf einem meiner Seminare geübt habe. Für dieses Familienbuch habe ich zwei spezielle Techniken ausgewählt, die sogenannte „Einhorn-Liste“ und die LOCI-Methode. Diese beiden Techniken sind für alle Altersgruppen ein Spiel- und Lernelement und für das Training im Urlaub wie geschaffen.

Mit der „Einhorn-Liste“ verknüpfen Sie Zahlen mit Begriffen.
Mit der „Loci-Methode“ Dinge mit Orten.

Sie bedienen sich der bildhaften Vorstellungskraft,
Sie verwenden bestimmte imaginäre oder tatsächliche Orte,
Sie beziehen Emotionen mit ein und
Sie kleiden Sachverhalte in eine Geschichte.

Die „Einhorn-Liste“

Die sogenannte „Einhorn-Liste“ zählt zur Zahl-Symbol-Technik. Dabei wird jede Zahl mit einem Bild verbunden und verwandelt sich auf diese Weise in einen Ankerplatz. Die Liste heißt deswegen „Einhorn-Liste“, weil sie mit der Zahl 1 beginnt. Das Einhorn hat ein Horn und die Zahl eins steckt auch in diesem Wort. Manchmal sind Erklärungen so einfach.

Hier ein paar passende Bilder von 1–20

1. Einhorn
2. Zwilling
3. Dreirad
4. Tisch
5. Hand
6. Lotto, Marilyn Monroe
7. Zwerg
8. Achterbahn
9. Schwein
10. Bowling
11. Elfmeter
12. Apostel
13. Flugzeug
14. Blumenstrauß
15. Kolumbus (15. Jahrhundert)
16. Bundesländer
17. Blondine
18. Golfplatz (18-Loch)
19. Abendessen
20. Tagesschau

Die Null fehlt in dieser Liste.
Ich selbst stelle sie mir immer als Schwimmring vor. Eine Doppel-Null ist für mich immer ein WC.

Wiederholen Sie die Liste ein- bis zweimal. Sie ist einfach zu merken, weil die Assoziationen zu jeder einzelnen Zahl sehr logisch sind. Das ist etwas für die ganze Familie! Sie können morgens mit dem Training beginnen und schon zum Mittagessen die ersten Zahlenreihen in Bilder und Geschichten umwandeln.

Bilder und Geschichten?

Eine wichtige Voraussetzung für Lernen ist die Tatsache, dass unser Gehirn mit Bildern arbeitet. Erzählte Geschichten werden in einen Film umgearbeitet und so besser gespeichert. Erinnern Sie sich noch an das Frachtschiff, von dem ich vorhin erzählte? Nun, ich hätte Ihnen auch erklären können, dass das Gehirn besser speichert, wenn die Informationen geordnet sind. Auch das hätten Sie sich vielleicht gemerkt ... nur ... wie lange? Ich glaube aber, das Frachtschiff und die Container werden Ihnen im Zusammenhang mit dem Gedächtnistraining viel schneller einfallen und länger erinnerungswürdig bleiben.

Die Wissenschaft hat festgestellt:
Die Gehirnforschung hat herausgefunden, dass Faktenwissen erheblich leichter zu behalten ist, wenn es mit emotional geladenen Geschichten verbunden ist. Die Universität Ulm mit Forschungsschwerpunkt Neurowissenschaften und Lernen formuliert dies so: „Was den Menschen umtreibt, sind nicht Fakten und Daten, sondern Gefühle, Geschichten und vor allem andere Menschen."
(Spitzer, Manfred: Lernen. Gehirnforschung und die Schule des Lebens Heidelberg 2007, S. 160).

Fakten sind gewissermaßen die Knochen, während erst die Geschichten den Lernstoff mit Muskeln und Fleisch umgeben. Knochentrockene Fakten allein sind langweilig zu lernen und schwer zu behalten; sie sind dürr wie ein Skelett. Erst die Verbindung mit einer emotional geladenen Geschichte gibt dem Lernen „Würze". Wir lernen leichter und erheblich schneller, wenn das limbische System unseres Gehirns, das für Emotionen zuständig ist, miteinbezogen wird. Die Ergebnisse zeigen, dass Gefühl und Denken eng miteinander verbunden sind und – dass Lernen bei guter Laune am besten funktioniert!

Das „Abfall-Produkt" der „Einhorn-Liste"

Bevor ich Ihnen verrate, was Sie mit der „Einhorn-Liste" in Wirklichkeit erreichen können, zeige ich Ihnen noch kurz, was Sie sich nebenbei geschenkt haben. Mit dieser Liste werden Sie zum Zahlenwunder, weil Sie sich beliebig lange Zahlenreihen wie PIN- und Telefonnummern, Geburts- und Jahrestage, Geschichtsdaten und Kontonummern u. v. m. merken können. Sie müssen nichts weiter tun, als die Zahl in eine aufregende Geschichte zu verwandeln:

Zuerst die einfache Methode, die Sie sofort anwenden können, indem Sie jede einzelne Ziffer einer Zahl in ein Bild verwandeln. Dazu reicht es, wenn Sie die „Einhorn-Liste" von 0–9 verinnerlicht haben. Angenommen Sie möchten sich Ihre neue Kontonummer 2683970581 sehr schnell und nachhaltig merken.

Stellen Sie sich nun folgende Geschichte äußerst übertrieben vor: Ein Zwillingspärchen (2) hat im Lotto (6) gewonnen. Sie dürfen mit einer gigantischen Achterbahn (8) fahren. Die Wägen sind nicht gerade sicher, weil sie nur drei Räder (3) haben. Außerdem werden sie von einem großen Schwein (9) gezogen, auf dem die sieben Zwerge (7) sitzen, die alle einen Schwimmring (0) tragen und uns mit ihren Händen (5) zuwinken. Auf einmal wird die Achterbahn (8) von einem Einhorn (1) gerammt.

Da die Geschichte sehr grotesk und deswegen auch irgendwie komisch ist, können wir sie uns wesentlich leichter merken, als wenn wir die Zahlen nur rational – sprich durch das Schrift- und Lautbild – abspeichern würden.Wiederholen Sie die Geschichte ruhig noch ein paar Mal. Ich garantiere Ihnen, Sie und Ihre Kinder werden sich noch lange an die Achterbahnfahrt erinnern.

Für diejenigen, die sich noch schneller eine Zahl merken wollen, gibt es die fortgeschrittene Variante. Hier sehen Sie sich nicht mehr nur eine Ziffer an, sondern nehmen gleich ein Zahlenpaar und verwandeln dies in ein vorher definiertes Bild. Nehmen wir die Zahl 150419120220. Dies sind sogar 2 Ziffern mehr als die vorhergehende Zahl. Wenn Sie daraus nun Zahlenpaare bilden und diese mit der „Einhorn-Liste" in Bilder verwandeln, könnte daraus folgende Geschichte entstehen:

Kolumbus (15) sitzt an seinem Tisch (04) und genießt sein Abendessen (19). Zu Gast sind die 12 Apostel (klar, die 12). Jeder Apostel hat einen Zwillingsbruder (02), der Tagesschausprecher (20) ist. Sie sehen, zum einen brauchen Sie nur die Hälfte der Bilder, weil Sie Zahlenpaare haben. Zum anderen haben Sie wesentlich mehr Bilder, zur Auswahl und können dadurch mehr unterschiedlich kreative Geschichten basteln.
Ganz nebenbei haben Sie sich gerade nicht nur eine witzige Geschichte gemerkt, sondern in der o.g. Zahl war ein Datum versteckt. Am 15. April 1912 um 02:20 Uhr sank die legendäre Titanic im Nordatlantik. So schnell und einfach kann man sich Geschichtsdaten merken.

Jetzt können Sie natürlich sagen: „Was mache ich denn, wenn ich mir den Beginn der Weltwirtschaftskrise am 24. 10. 1929 merken möchte? Ich habe ja nur Zahlenpaare von 01–20 mit der Einhorn-Liste." Das ist richtig, deswegen müssen Sie diese Liste auf 100 Punkte erweitern. Wie das funktioniert, werde ich Ihnen im übernächsten Kapitel zeigen. Doch nun zuerst der große Benefit, den Sie sich mit der „Einhorn-Liste" geschenkt haben.

Das Spiel mit Worten

Wesentlich öfter als Zahlen müssen Sie sich wahrscheinlich To-do-Listen, Spickzettel, Argumente, Termine, Einkaufslisten oder sonstige Informationen für Fach- und Allgemeinwissen merken. Wenn Sie diese Schlüsselwörter im Kopf immer griffbereit haben, erlangen Sie den Vorsprung durch Wissen gegenüber anderen Menschen in jeglicher Hinsicht.
Schauen Sie sich folgende willkürlich gewählten 20 Wörter an und merken Sie sich diese in 2 Minuten. Danach versuchen Sie, so viele Wörter wie möglich ohne Spicken wiederzugeben.

Los geht's:
Zahnpasta – Zwieback – Nutella – Klopapier – Apfelsaft – Kinokarten – Champagner – Couchkissen – Schnürsenkel – Dickmilch – Deoroller – Gurken – Rasierschaum – Kaffee – Reis – Lachs – Kakao – Taschentücher – Vitamintabletten – Parmesankäse.

Stopp! Fangen Sie jetzt nicht sofort an zu schreiben. Vorher möchte ich nämlich noch Ihr Ultrakurzzeitgedächtnis löschen. Zählen Sie bitte laut von 50 runter auf 40. Bitte greifen Sie erst danach zum Stift und bringen Sie die gespeicherten Begriffe zu Papier.

Und? Wie viele konnten Sie sich merken? Sieben bis acht sind guter Durchschnitt, wenn es über zehn waren, haben Sie vielleicht schon mit einer Technik gearbeitet. Wahrscheinlich haben Sie bestimmte Begriffe in einen Sinnzusammenhang gestellt. Nach dem Motto: Zahnpasta auf Zwieback? Nein. Dann doch lieber Nutella. Oder: Nachdem ich die Gurken mit Rasierschaum verspeist hatte, gönnte ich mir erst mal eine Tasse Kaffee. Wenn Sie so vorgegangen sind – herzlichen Glückwunsch! Sie haben Ihre ersten Geschichten erfunden.

Der große Vorteil der „Einhorn-Liste"

Noch einfacher behalten Sie sich die Begriffe mithilfe der „Einhorn-Liste". Sie verknüpfen einfach jedes zu merkende Wort mit einem Punkt aus der „Einhorn-Liste". Dabei gilt übrigens wie in der Werbung: Je origineller, witziger oder absurder die Story, umso leichter ist sie zu behalten. Ich gebe Ihnen eine kleine Hilfestellung, wie Sie jeden Begriff mit dem entsprechenden Briefkasten/Ankerpunkt assoziieren können:
Das Einhorn ist gegen einen Baum gelaufen und dabei ist sein Horn abgebrochen und daraus quillt Zahnpasta. Die Zwillinge essen Zwieback um die Wette. Meinen Dreiradsitz schmiere ich mit Nutella ein und setze mich drauf – köstlich! Ablagepunkt Nummer 4 ist mein Tisch. Der ist so verdreckt, dass ich ihn mit Klopapier sauber machen muss. In meiner Hand zerquetsche ich

eine Tüte Apfelsaft. Auf dem Lottoschein kreuze ich keine Zahlen an, sondern die Kinofilme, die ich gerne sehen möchte. Die sieben Zwerge feiern eine Riesenparty und betrinken sich mit Champagner. Die Waggons der Achterbahn sind mit Couchkissen ausgepolstert. Und wie passen nun die Schnürsenkel zum Schwein? Es gibt unzählige Möglichkeiten. Zum Beispiel: Weil die Schweine immer davonlaufen, binden Sie die Beine mit Schnürsenkeln zusammen. Gut – Dickmilch und Bowling – das passt zufällig perfekt: Die Kegel sind aus dicken Glasflaschen gefüllt mit Milch.
Wir haben nun bereits zehn Bilder kreiert. Bitte gehen Sie die Bilder anhand der „Einhorn-Liste" nochmals durch. Merken Sie schon, wie leicht es fällt, die ungewöhnlichen Verknüpfungen abzurufen? Was war noch in der Achterbahn? Und wieso laufen die Schweine nicht davon? Die „Einhorn-Liste" ist der erste elementare Schritt zur Steigerung Ihrer Merkfähigkeit.

Das sind die ersten kleinen Geschichten, die ich zu jedem Begriff entworfen habe. Sehr viel besser ist es, wenn Sie statt meiner Geschichten Ihre Eigenen erfinden, denn selbstgefundene Geschichten wirken am stärksten und werden am besten behalten. Die restlichen zehn Begriffe können Sie auf die gleiche Art und Weise mit den Ankerplätzen 11–20 verknüpfen. Seien Sie kreativ und versuchen Sie es einfach. Fragen Sie Ihre Kinder, welche witzige Geschichte ihnen mit Elfmeter und Deoroller einfällt oder Gurken und die 12 Apostel. Sie werden sehen, Kinder sind meistens kreativer als Erwachsene ... und das ist gut so.

Erweiterung der Ankerplätze

Jetzt kommen Sie vielleicht an den Punkt, wo Sie sagen: „Ich möchte mir viel mehr Informationen abspeichern und – wie im vorangegangenen Kapitel schon erwähnt – Zahlenpaare, die größer sind als 20, ebenfalls in ein Bild verwandeln können."
Mit der „Einhorn-Liste" wird es relativ schwierig, passende Bilder für die Zahlenpaare zwischen 21 und 99 zu finden.
Aus diesem Grund möchte ich Ihnen die LOCI-Technik vorstellen.

Von Cicero weiß man, dass er einige Zeit vor einem Vortrag aufs Rednerpult stieg und sich seine Umgebung genau anschaute. Dann prägte er sich 20 bis 40 markante Objekte ein, indem er einmal im Kreis von links nach rechts durch den Raum spazierte. Die Objekte dienten ihm als Ankerpunkte für die wesentlichen Inhalte seines Vortrags. Er verknüpfte den Ort und den Inhalt der Rede, indem er eine gedankliche Assoziation zwischen den Objekten und den Redeinhalten herstellte. Kam nun die Zeit seines Auftritts, brauchte er nur der Reihe nach von links nach rechts im Kreis gedanklich einen virtuellen Briefkasten nach dem anderen zu öffnen und hatte den roten Faden seines Vortrags. Auf diese Weise soll Cicero in der Lage gewesen sein, bis zu vier Stunden frei zu sprechen. Diese Technik nennt man heute LOCI-Technik.

Cicero erklärte damals, „dass es besonders die Ordnung sei, die dem Gedächtnis Licht verschaffe“ und fasste einige wesentliche Grundlagen der Memoriertechniken zusammen:

- Sie bedienen sich der bildhaften Vorstellungskraft,
- Sie verwenden bestimmte imaginäre oder tatsächliche Orte,
- Sie beziehen Emotionen mit ein und
- Sie kleiden Sachverhalte in eine Geschichte.

Mithilfe der LOCI-Methode können Sie die „Einhorn-Liste“ endlos erweitern

Genau das, was Cicero im alten Rom getan hat, um sich Reden zu merken, werden Sie nun ebenfalls machen.
Ich appelliere an Ihre Fantasie und möchte Sie in einen typischen Kinosaal mitnehmen. Dieser soll die Ankerplatz-Nummern von 21–30 symbolisieren. Sie betreten den Saal von rechts oben und lassen den Blick zunächst nach links, einmal im Uhrzeigersinn durch den Raum schweifen. So finden Sie leicht zehn markante Punkte. Das Erste – sprich Ankerplatz Nummer 21 – ist der Platzanweiser, der gerade neben Ihnen steht. Als Nächstes fällt Ihnen der Projektor an der Rückwand (22) ins Auge. Davor sind die gut-

gepolsterten, dunkelrot bezogenen Logenplätze (23). An der linken Wand hängen vier Lautsprecher (24) und Platz 25 wird der Notausgang vorne links von der Leinwand. Weiter geht´s mit dem langen Vorhang (26), der Leinwand (27) und auf Nummer 28 begegnet Ihnen rechts der Leinwand ein Eisverkäufer. Es folgt die Treppe (29) vor Ihnen und letztlich der Lichtschalter, gleich zu Ihrer Rechten (30). Bitte gehen Sie die zehn Ablagepunkte nochmals durch. Schließen Sie die Augen und malen Sie sich den Kinosaal aus. Lassen Sie ein Bild vor Ihrem geistigen Auge entstehen. Je detaillierter und klarer es erscheint, umso besser. Sie haben sich den Raum eingeprägt? Wunderbar, somit haben Sie die ersten 30 Zahlenpaare schon in Bilder verwandelt und können sich dadurch den Beginn der Weltwirtschaftskrise in den 20er-Jahren des letzten Jahrhunderts spielerisch merken. Nochmals zur Erinnerung, dies war am 24. 10. 1929.

Meine Geschichte lautet wie folgt: Aus den vier Lautsprechern im Kinosaal (24) kommentiert ein Reporter das entscheidende Bowling-Spiel (10) um die Weltmeisterschaft. Gespannt lauschen Sie ihm, während Sie Ihr Abendessen (19) auf der Treppe (29) einnehmen. Weil Ihre Mannschaft verloren hat, bricht auf der ganzen Welt die Weltwirtschaftskrise aus.

Die 7 neuen Weltwunder im Kinosaal

Den Kinosaal können Sie jetzt auch als mentalen Ankerplatz für Fach- und Allgemeinwissen hernehmen. Haben Sie schon von den 7 Weltwundern der Neuzeit gehört?

1999 gründete der Schweizer Bernard Weber die Stiftung „NewOpenWorld Foundation", die sich auf die Suche der sogenannten „New 7 Wonders of the World" machte. Ziel war laut Weber, Menschen aus aller Welt durch ihr gemeinsames kulturelles Erbe zu verbinden. Die Wahl erfolgte in einer Kombination aus Online-Wahl und Juryentscheidung in drei Phasen.

In der ersten Phase standen 200 Bauwerke zur Auswahl, über die, nach Angabe der Veranstalter, ca. 20 Millionen Internetnutzer abstimmten. Aus den

77 Bestplatzierten wurden in der zweiten Phase von einer Jury, bestehend aus sieben Architekten unter dem Vorsitz des ehemaligen UNESCO-Generaldirektors Federico Mayor Zaragoza, 21 Finalisten ausgewählt. In der dritten Phase von Jänner 2006 bis Juni 2007 konnte per Internet, Telefon oder SMS abgestimmt werden. Laut Veranstalter wurden insgesamt 100 Millionen Stimmen abgegeben. Am 7. Juli 2007 wurden in Lissabon im Rahmen einer Fernsehshow die „New 7 Wonders of the World“ bekanntgegeben:

- Chichén Itzá, Mayaruinen auf der Halbinsel Yucatán (Mexiko)
- Chinesische Mauer, Grenzbefestigungsanlage (China)
- Cristo Redentor, Christusstatue in Rio de Janeiro (Brasilien)
- Kolosseum, antikes Amphitheater in Rom (Italien)
- Machu Picchu, Inkaruinenstadt in den Anden (Peru)
- Petra, Felsenstadt (Jordanien)
- Taj Mahal, Grabmal (Indien)

Speichern Sie sich nun die 7 Neuen Weltwunder mithilfe des Kinosaals ab

Sehen Sie z. B. den Platzanweiser, der auf ein paar Skichen steht und über eine Pizza fährt. Die Chinesische Mauer verläuft mitten durch den Projektor. Auf den dunkelrot bezogenen Logenplätzen sitzt Cristo und breitet die Arme aus, sodass die Menschen, die hinter ihm sitzen, nichts mehr sehen. Die Lautsprecher an der Wand sind nicht eckig, sondern rund und sehen aus wie das Kolosseum. Außerdem hören Sie aus den Lautsprechern das Brüllen der Löwen und Gladiatoren. Durch den Notausgang kommt Dieter Bohlen herein, der ein richtiger Macho vor dem Herrn ist und sich als Baseball-Pitcher verkleidet hat. Den Vorhang malen Sie mit einem riesengroßen Pinsel schwarz an. Und auf die nasse, heruntertropfende Farbe kleben Sie eine Karte, auf der die „Schwarze Petra“ („Schwarzer Peter“) zu sehen ist. Die Leinwand berühren Sie auf Englisch = touch, da hallt es durch den ganzen Kinosaal.

Konnten Sie sich die Bilder vorstellen? Je mehr Sie dabei schmunzeln, umso besser. Wenn Sie Schwierigkeiten hatten, dann erfinden Sie eigene kleine Geschichten.

Anmerkung: Sowohl die UNESCO als offizielle Hüterin des Weltkulturerbes als z. B. auch Ägypten (antike Weltwunder: Pyramiden von Gizeh) distanzierten sich von der als „private Kampagne" ohne wissenschaftliche Kriterien bezeichneten Wahl.

Für Ihren Alltag

Aber auch im Alltag ist diese Methode sehr hilfreich. Zum Beispiel wenn Sie sich folgende Punkte im Gedächtnis merken wollen:

- To-do- und Einkaufslisten
- verschiedenste Termine
- Argumente und Stichwörter, die Sie für Ihren Beruf brauchen
- oder für Ihre Frau
- oder Ihren Mann
- oder Ihr Kind
- Fachwissen und fachliche Zusammenhänge
- Daten und Fakten
- wissenschaftliche Theorien
- Gedichte
- Adressen
- Allgemeinwissen

u. v. m.

Je verrückter, je origineller, je absurder Ihre Geschichten sind, desto leichter sind sie zu behalten!

Die Familienaufgabe zum Zahlenmerken:

- Kontonummern
- Telefonnummern

- Geburtstage
- Hochzeitstage
- ...

Schon fängt das Geschichtenerzählen am Abend an. Einer verwandelt eine Zahl in eine Geschichte, oder die anderen raten, welche Zahl in der Geschichte steckt. Die zweistelligen Zahlen sind für große Zahlenkolonnen gut, also Zahlenpaare, die hintereinander stehen. Machen Sie daraus kleine Tandems oder Päckchen und schon können Sie sich auch die längsten Zahlenreihen mit viel Spaß und ohne viel Schweiß merken.

Die Baumliste ist ein Anfang. Wie gesagt, wenn Sie sich noch mehr und noch kompliziertere Zahlenpaare oder Reihen merken wollen, dann empfehle ich Ihnen mein Buch „Hirn in Hochform".
Sobald Sie sich eine Geschichte zu Ihrer jeweiligen Zahl ausgedacht haben, wiederholen Sie diese am ersten Tag immer mal wieder. Mal sehen, wer in Ihrer Familie ganz vorne mit den Geschichten liegt, das heißt die schönsten oder skurrilsten Zahlengeschichten erfindet.

Das Wichtigste zum Schluss

Egal ob Sie alleine für sich mit dieser Methode trainieren oder mit Ihrem Kind, Ihrer Familie, bitte gehen Sie es locker an! Sie halten ein Familienbuch in den Händen und vermutlich lesen Sie diese Zeilen gerade an einem Sonntag, Feiertag oder mitten in den Ferien. Jetzt ist nicht die Zeit für Stress und Druck. Als Familie lernen und üben Sie am besten, wenn Sie sich unterhalten fühlen, und dafür ist Lachen und Entspannung nötig. Jetzt ist Spielzeit angesagt, machen Sie sich das immer wieder bewusst, vielleicht indem Sie am besten mit Nonsens-Begriffen diese Methode lernen und nicht auf Vokale und Formeln ausweichen. Die kommen später dran, jetzt ist FREIZEIT!

Spiele und Rätsel für Erwachsene

Viele erwachsene Menschen sind einem permanenten Zeitdruck ausgesetzt. Deswegen würde ich mich freuen, wenn Sie in diesen Spielen zwar eine Anregung sehen, aber bitte keinen Krampf. Sie müssen sich nicht anstrengen, um „Sieger" zu sein, sondern sollen Spaß haben, kniffeln, staunen, belustigt sein oder die Gemeinsamkeit mit anderen pflegen. Wenn es Sie nach einem hohen Level im Denksport gelüstet, dann schauen Sie gerne auf meine Seite im Internet (www.markus-hofmann.de). Ich aktualisiere diese Seite mit immer neuen Denksportaufgaben und manche sind dabei, die bringen Sie bestimmt ins Gehirn-Schwitzen.

Hier an dieser Stelle geht es aber mehr ums Miteinander als um eine Gedächtnismeisterschaft. Was nicht heißt, dass ich es Ihnen zu leicht mache. Schauen wir mal, wie fit Sie sind. Und damit es nicht an Schulstunden und Programm erinnert, habe ich die Rätsel in einem bunten Durcheinander gestaltet.

Münzbewegungen

Legen Sie 6 gleiche Münzen so auf den Tisch, wie es Figur 1 zeigt. Ihr Ziel ist es, einen Kreis – wie Figur 2 zeigt – aus den 6 Münzen zu legen. Um dies zu erreichen, dürfen Sie nur (ausgehend von Figur 1) jeweils eine Münze verschieben – nicht aufheben, die allerdings nach dem Verschieben mindestens zwei andere Münzen berühren muss.

Schaffen Sie es in a) vier oder gar in
b) drei Zügen?

Lösung Seite 160

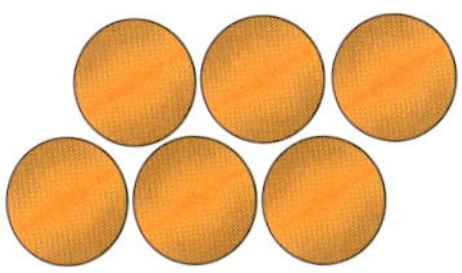

Figur 1

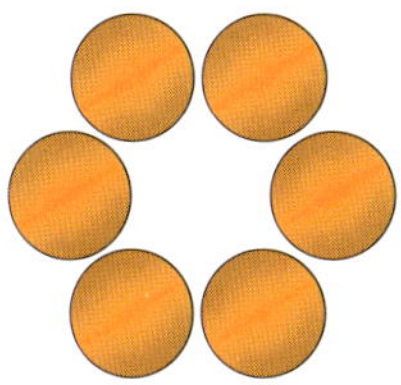

Figur 2

WO ist der Vater?

Eine Mutter ist 21 Jahre älter als ihr Kind und in 6 Jahren wird das Kind 5-mal jünger sein als die Mutter.

Frage: WO ist der Vater?

Sie haben richtig gelesen, WO ist der Vater!? Das können Sie tatsächlich aus den Angaben herausfinden. Kleiner Tipp, rechnen Sie erst aus, wie alt das Kind gerade ist. Dann kommen Sie auf die Lösung.

Lösung Seite 161

Fünf Piraten & 501 Goldstücke

Fünf Piraten sollen 501 Goldstücke unter sich aufteilen. Man einigt sich darauf, dass einer nach dem anderen einen Vorschlag für die Verteilung machen solle. Über jeden Vorschlag wird dann sofort abgestimmt. Erhält

ein Vorschlag mehr als die Hälfte der Stimmen, wird er angenommen und die Angelegenheit ist erledigt. Andernfalls wird der Vorschlagende erschossen und der nächste Pirat ist mit seinem Vorschlag an der Reihe. Zur Festlegung der Reihenfolge werden Zettel mit den Nummern 1 bis 5 in einen Hut geworfen. Daraus zieht nun jeder Pirat einen Zettel, sodass die Reihenfolge der Vorschlagenden festgelegt ist (allen ist also klar, in welcher Reihenfolge die Angebote gemacht werden müssen). Die Piraten sind jedoch so geldgierig, dass keiner von ihnen je einen Vorschlag akzeptieren wird, bei dem er leer ausginge, geschweige denn selbst solch einen Vorschlag zu machen. Jeder wird also versuchen, für sich das Optimum herauszuholen.
Welchen Vorschlag sollte der erste Pirat machen, um nicht erschossen zu werden und gleichzeitig das Optimale für sich herauszuholen?

Lösung Seite 161

Der Dreh mit der Flasche

Bei einer gewöhnlichen Flasche sind die unteren drei Viertel zylinderförmig, das obere Viertel ist unregelmäßig geformt. Sie ist bis ungefähr zur Hälfte mit Saft gefüllt. **Wie kann man bestimmen, wie viel Prozent der Flasche mit Saft gefüllt ist, wenn man sie geschlossen hält und ausschließlich ein Lineal verwendet?**

Lösung Seite 162

Warum sind Kanaldeckel eigentlich rund?

Geben Sie zwei Gründe an!

Lösung Seite 162

Die Familie auf der Hängebrücke

Eine Familie (Vater, Mutter, Sohn und Tochter) möchte nachts eine baufällige Hängebrücke überqueren.
Aufgrund des schlechten Zustands der Brücke können maximal zwei Personen gleichzeitig die Brücke betreten. Die Familie hat nur eine Taschenlampe zur Verfügung, um sich den Weg zu leuchten. Die zwei Personen müssen somit gemeinsam gehen. Damit das nächste Paar gefahrlos das andere Ufer erreichen kann, muss die Taschenlampe wieder zurückgebracht werden.
Das Tempo der Familienmitglieder ist unterschiedlich.

Zum Überqueren der Brücke braucht:
die Mutter 25 Minuten
der Vater 20 Minuten
die Tochter 10 Minuten
der Sohn 5 Minuten

In welchen Paarungen muss die Familie gehen, wenn sie maximal 60 Minuten Zeit hat, die Brücke zu überqueren?
(Anm.: Die Lampe kann nicht zurückgeworfen werden, sondern muss zurückgetragen werden.)

Lösung Seite 162

Der weise Mann und die Beduinen

Ein weiser Mann wandert durch die Wüste und trifft auf zwei Beduinen, die auf ihren Kamelen regungslos auf einem Hügel stehen. Er fragt beide nach dem Grund dafür, und da antwortet einer: „Dort unten in der Ebene liegt ein großer Goldklumpen. Wir möchten ihn beide gerne haben, aber damit wir nicht in Streit geraten, haben wir uns geschworen, dass derjenige den Goldklumpen haben soll, dessen Kamel als letztes bei ihm ankommt. Und nun stehen wir hier.“
Der weise Mann lächelt und sagt: „Ich weiß einen Rat“.
Kurz darauf hetzen die beiden Beduinen auf den Kamelen dem Goldklumpen entgegen. **Was hat der Weise geraten?**

Lösung Seite 162

Mathematikrätsel

Sollten Sie zu den Menschen gehören, die den Matheunterricht in der Schule am liebsten verdöst oder geschwänzt haben, dann lassen Sie die Mathematikrätsel einfach aus. Wobei, um Ihr Gehirn zu aktivieren, sollten Sie genau solche Aufgaben angehen und versuchen zu lösen. Dies ist der beste Weg neue Gedankenbahnen zu schaffen.

Der Staubsaugervertreter

Ein Staubsaugervertreter klingelt an der Tür und geht seinem Geschäft nach. Der Hausmann hat erst vor Kurzem einen neuen Sauger gekauft. Der Vertreter bleibt hartnäckig. Letztendlich gibt der Hausmann (teilweise) nach und spricht: „Ich gebe Ihnen also eine Chance. Ich habe drei Töchter. Wenn Sie mir deren Alter (in Jahren) sagen können, kaufe ich einen kleinen Sauger für das obere Stockwerk: Wenn man die Alter (in Jahren) meiner Töchter multipliziert, erhält man 36. Addiert man dagegen die Alter, so ergibt sich unsere Hausnummer." Der Vertreter geht nach draußen, um nachzusehen, kommt wieder rein, denkt nach und sagt: „Obwohl ich ein guter Mathematiker bin, kann ich Ihnen die Alter nicht sagen."

Darauf der Hausbewohner: „Dann gebe ich Ihnen noch einen Tipp: Meine älteste Tochter spielt Geige."

Daraufhin der Vertreter: „Alles klar, dann weiß ich jetzt, wie alt Ihre Töchter sind."

Wie alt sind die Mädchen?

Lösung Seite 163

Einkaufs-Rätsel

Prägen Sie sich in maximal 5 Minuten die folgenden Lebensmittel und ihre Preise gut ein, denn gleich frage ich Sie ab ...

Knäckebrot	0,99 €
Butter	0,75 €
Kaffee	4,32 €
Marmelade	2,50 €
Tee	4,70 €
Waschmittel	5,45 €
1/2 Wassermelone	1,28 €
Mineralwasser	6,98 €
1 Baguette	2,05 €
Zucker	1,22 €
Brot	2,30 €
Wurst	2,98 €
Käse	3,31 €
Nuss-Schokolade	1,75 €
Vollmilch-Schokolade	1,56 €
3 Quarkhörnchen	2,99 €
Avocado	0,91 €
Tomaten	2,34 €
Gurke	1,01 €
5 Eier	1,25 €

Diese Liste können Sie übrigens wunderbar nutzen, um sich später schneller Einkaufslisten mit Preisen zu merken.

- ***Wie viele Artikel konnten Sie sich merken?***
- ***Wie viele Artikel plus Preis konnten Sie sich merken?***

Verdecken Sie nun die Preise und lassen Sie Ihren Finger über die Produkte wandern. Wählen Sie spontan verschiedene Produkte aus.

Beispiel:
Was kosten die Gurke, der Käse und das Knäckebrot zusammen?
Wie viel Geld brauchen Sie, wenn Sie Marmelade und die Eier kaufen wollen?

Zusatzfragen: ***Welche Artikel kosten mehr als 2 €?***
Was kostet weniger als 1 €?

Kleines Rechenrätsel für zwischendurch

Kopfrechnen hält Ihr Gehirn spielerisch fit! Lassen Sie also öfter mal Ihren Taschenrechner in der Schublade und machen Sie sich per Kopfrechnen an die folgende Aufgabe:

(36 × 12) + 18 – 25 – 101 + 88 = ??

Lösung Seite 163

Schwarzarbeit

Ein Mann ließ „zum günstigen Feierabendtarif" seine Terrasse neu fliesen. Nur 780 Euro kostete ihn die ganze Arbeit! Alfons und Bruno hießen die beiden Handwerker – Alfons, der Fliesenleger, und Bruno, sein Handlanger. Deshalb bekam Alfons mehr Lohn als sein Kumpel, Spezialisten sind eben teurer. Gearbeitet wurde immer abends von halb sechs bis halb zehn. Alfons kostete pro Stunde 15 Euro ... drei Euro mehr als Bruno. Meistens kamen die beiden zusammen, an manchen Tagen kam aber Alfons allein. Das war schon in Ordnung, weil er ja als Fliesenleger ohne seinen Handlanger auskommen konnte. Bruno war nie allein da ... hätte auch keinen Sinn gemacht, denn ohne seinen Chef hätte er sowieso nichts tun können. Der Mann war sehr zufrieden, denn die Männer arbeiteten gut und die Terrasse wurde eine günstige Angelegenheit.

Nun fragen Sie sich sicher, wie viele Tage jeder der beiden Handwerker gearbeitet hat. Nun, das ist Ihre Aufgabe, es herauszufinden!

Lösung Seite 163

Wundersame Vermehrung

Ein Bettler geht in die Kirche und betet: „Lieber Gott, bitte verdopple das wenige Geld, das ich bei mir habe! Als Dank werde ich auch 16 Euro spenden!"

Das Wunder geschieht und der Bettler spendet wie versprochen die 16 Euro.

Weil es tatsächlich funktioniert hat, beschließt der Bettler es noch einmal zu versuchen – wieder funktioniert es und er spendet weitere 16 Euro.

Vor lauter Freude wiederholt er seine Bitte zum dritten Mal und hat wieder Erfolg.

Nachdem er das dritte Mal 16 Euro gespendet hat, verlässt er die Kirche ohne Geld.

Wie viel Geld hatte der Bettler bei sich, als er die Kirche betrat?

Lösung Seite 164

Der Wichtel soll Weihnachtskugeln holen

Der Weihnachtsmann schickt den Wichtel in den Keller, um schnell noch drei rote Weihnachtskugeln für den Christbaum zu holen. Im Keller angekommen, stellt der Wichtel fest, dass leider das Licht nicht funktioniert – es ist stockfinster. Er kann im Dunkeln nicht sehen, welche Farbe eine Weihnachtskugel in seiner Hand hat.

Er weiß aber, dass im Schrank genau 11 rote, fünf blaue und zwei silberne Kugeln liegen. Vorsichtig tastet sich der Wichtel zum Schrank vor.

Wie viele Kugeln muss er mindestens mit nach oben nehmen, damit auf jeden Fall drei rote mit dabei sind?

Lösung Seite 164

Küchenleiter

Karin und Lena sind zwei Turnerinnen. Karin ist kurz gewachsen. Ihre Freundin Lena hingegen ist sehr groß und überragt Karin um mehr als eine Handbreit. In der Küche wollen die beiden an ein sehr hohes Regal gelangen – dazu stellt sich eine der beiden Turnerinnen auf die Schultern der anderen.

Wer muss auf wessen Schulter steigen, damit die beiden möglichst hoch in das Regal fassen können?

Lösung Seite 164

Hasenrennen

Acht Hasen wollen gemeinsam um die Wette laufen. Wie viele Rennen müssen sie mindestens veranstalten, damit jeder Hase mindestens einmal schneller im Ziel war als jeder andere Hase? Tipp: Man muss das Rennen nicht gewinnen, um schneller als der Letzte zu sein.

Lösung Seite 164

Katzenbeine, Kind und Kegel

Es gibt einen Bus mit 7 Kindern.
Jedes Kind hat 7 Rucksäcke.
In jedem Rucksack sind 7 große Katzen.
Jede große Katze hat 7 kleine Katzen.
Jede Katze hat 4 Beine.
Frage: **Wie viele Beine befinden sich im Bus?**

Lösung Seite 164

Ja-nein-Rätsel

Ja-nein-Rätsel (laterale oder auch Krimirätsel genannt) sind keine gewöhnlichen Logikrätsel, sondern eher für kleine Gruppen (oder zwei Personen) geeignet. Es gibt immer einen „Spielleiter", der die Lösung des Rätsels kennt und der nur mit „Ja" oder „Nein" antworten darf. Die Rätsel beginnen immer mit einer Situationsbeschreibung und der unausgesprochenen Frage: „Was ist hier passiert?" Die Mitspieler müssen nun das Geheimnis lüften, indem sie Fragen stellen, die mit JA oder NEIN beantwortet werden können. Als weniger strenge Variante darf der Spielleiter auch mit „Jein" oder „Irrelevant" antworten und den Spielern mit Tipps weiterhelfen. Spieler, die das Rätsel schon kennen, halten sich natürlich zurück ...

Ein fataler Fehler

Ludwig putzte sich die Zähne, machte das Licht aus und ging zu Bett. Durch seinen Fehler starben (ertranken) in dieser Nacht viele Menschen.

Lösung Seite 165

Tod im Auto

Manfred wurde in seinem Auto erstochen. Alle Wagentüren sind geschlossen und verriegelt. Der Wagen ist unbeschädigt. Kein Fenster ist offen. Wie konnte das passieren?

Lösung Seite 165

Cäsar und Kleopatra

Cäsar kommt in das Schlafgemach, macht sich nass und Kleopatra stirbt eines qualvollen Todes.

Lösung Seite 165

Ein Mann kommt an einem Fenster vorbei

Ein Mann kommt an einem Fenster vorbei. Kurz darauf ist er tot.

Lösung Seite 166

Mord im Urlaub

Ein Mann liest in der Tageszeitung von einem Unfall mit Todesfolge im Ausland. Als er den Namen des Toten liest, ruft er die Polizei an und meldet einen wahrscheinlichen Mord.

Lösung Seite 166

Die letzte Mahlzeit

Ein Mann geht nach einer langen Reise in ein Restaurant und bestellt ein exotisches Gericht (Eisbär oder Alligator). Als ihm das Essen serviert wird, probiert er nur einen Happen, rennt aus dem Restaurant und erschießt sich.

Lösung Seite 166

Verschiedene Denksportaufgaben

Steine sortieren

Es gibt ein Spielfeld mit acht Feldern. Auf den ersten sechs Feldern liegen immer abwechselnd ein schwarzer (S) und ein weißer (W) Stein.

In einem Zug werden immer zwei nebeneinanderliegende Steine auf zwei freie Felder verschoben. ***Wie viele Züge benötigt man mindestens, um folgende Anordnung zu erzielen?***

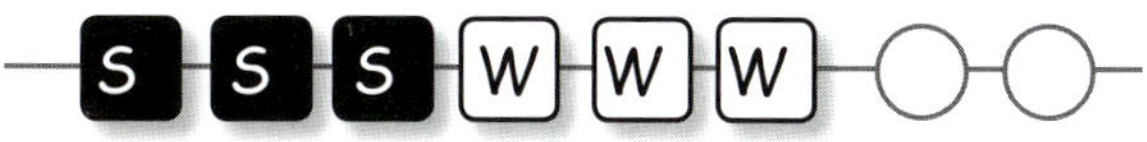

Lösung Seite 167

Bindeglied

Finde jeweils das verbindende Wort-Teil.
Zum Beispiel: BAUERN - HOF - TOR.

FEUER ______ DIENST

EISEN ______ HOF

KEHR ______ SCHADEN

HALS ______ KÄSTCHEN

WASSER ______ SPIEL

HAUS ______ KARTON

REGEN ______ MÜTZE

KUGEL ______ HALLE

Lösung Seite 167

Wortenden

Gesucht ist ein Wortende, welches mit folgenden Wortanfängen jeweils zusammen ein sinnvolles Wort ergibt:

B____________

Fl____________

Sch____________

Tr____________

Z____________

Lösung Seite 168

Das vergessene Geld

Thomas hat sich in der Bücherei ein Buch entliehen und es wieder zurückgebracht. Einen Tag nachdem er das Buch zurückgegeben hat kommt er erneut in die Bücherei und behauptet, er hätte zwischen den Seiten 29 und 30 einen 10-Euro-Schein als Lesezeichen in das zurückgegebene Buch gelegt. Nun möchte er das Geld zurückhaben. Die Bibliothekarin grinst Thomas an und hält es nicht einmal mehr für angebracht, im Buch nach dem Geld nachzusehen. ***Wie kann sie sich so sicher sein, dass Thomas lügt?***

Lösung Seite 168

Flasche voll Bakterien

Eine einzige Bakterie „wohnt“ in einer Flasche. Sie teilt sich nach einer Minute in zwei Bakterien, nach einer weiteren Minute teilen sich die zwei Bakterien wieder in vier Bakterien. Nach einer Stunde ist die Flasche randvoll mit Bakterien. ***Wie viele Minuten dauert es, bis die Flasche voll ist, wenn sie am Anfang bereits zwei Bakterien enthielt?***

Lösung Seite 168

Dreieckpyramide

Achten Sie auf die beiden Figuren, die große und die kleinere. Beide Dreiecke bestehen wiederum aus kleinen Dreiecken.

Um vier kleine Dreiecke zu zeichnen, wie sie auf der kleinen Abbildung zu sehen sind, genügt es, die Tintenfeder nur einmal in die Tinte zu tauchen.

Wie oft müssen Sie die Feder eintauchen, um die große Figur zu zeichnen, die aus 36 Dreiecken besteht?

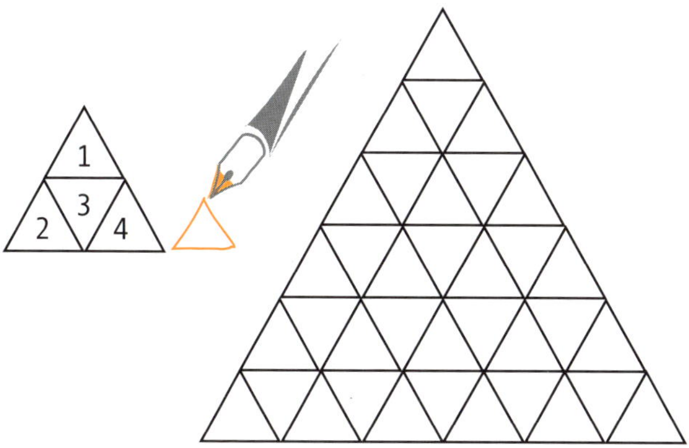

Lösung Seite 169

Schiffsuntergang

Auf einem Schiff, das in genau 20 Minuten sinken wird, befinden sich 15 Leute. Ihre einzige Chance ist das Rettungsboot, in das fünf Leute passen. Im Wasser wimmelt es nur so von Haien und die haben besonderen Appetit auf Menschen. Schwimmen ist also ausgeschlossen. Eine Tour mit dem Rettungsboot zur nächsten Insel und zurück dauert 9 Minuten. Wie viele Leute können überleben?

Lösung Seite 169

Dreiecksdreh

Hier sind zehn Münzen in Form eines gleichseitigen Dreiecks abgebildet.

Bewegen Sie drei Münzen so, dass die Spitze des Dreiecks nicht mehr nach oben, sondern nach unten zeigt!

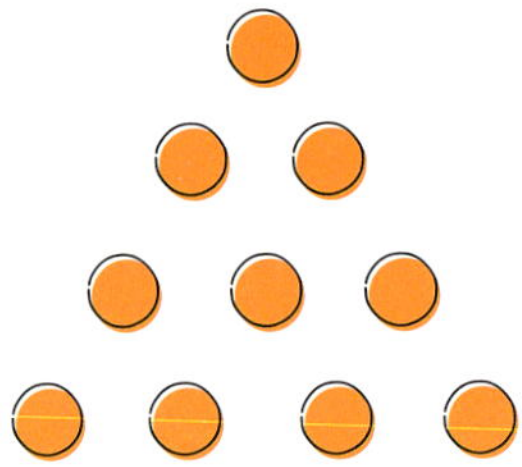

Lösung Seite 1170

Trink, trink, Brüderlein trink

In der oberen Reihe des folgenden Bildes stehen drei volle Saftgläser neben drei leeren Gläsern. Bewegen Sie die Gläser so, dass das Bild entsteht, das Sie in der unteren Bildreihe sehen!

Beachten Sie dabei: Es darf immer nur ein Glas auf einmal bewegt werden, jeweils nur mit einer Hand. Außerdem dürfen die Gläser ausschließlich auf dem Regal abgestellt werden.

Wie viele Gläser müssen Sie dafür in die Hand nehmen?

Lösung Seite 170

Schokorätsel

Sie kaufen sich eine riesige Tafel Schokolade, die aus 30 einzelnen Stücken besteht. In der Breite besteht die Tafel aus fünf Stücken, in der Länge aus sechs. Wenn Sie die Tafel zerbrechen, dann geht das nur zwischen den einzelnen Stücken, und Sie dürfen auch nicht mehrere Teile übereinanderlegen und sie dann zusammen zerbrechen. ***Wie oft müssen Sie die Schokolade mindestens zerbrechen, um alle Stücke voneinander zu trennen?***

Lösung Seite 170

Unterm Strich

Unten sehen Sie ein Seil und einige Münzen. Wenn Sie an den Seilenden ziehen, strafft sich das Seil und bewegt die Münzen nach oben oder unten.

Wenn Sie nur diejenigen Münzen erhalten, die sich nach dem Straffziehen oberhalb des Seils befinden – ***wie viele bekommen Sie dann?***

Lösung Seite 171

Ganz schön verdreht

Sie halten eine Scheibe mit acht Zacken in der Hand. Auf der Scheibe befindet sich ein roter Punkt. Halten Sie die Scheibe so, dass der rote Punkt auf der Position wie in Abbildung A steht, und drehen Sie diese dann um. So zeigt die Scheibe einen schwarzen Punkt. Siehe Abbildung A.

Wenn Sie die Scheibe wie in Abbildung B halten: ***Wo liegt jetzt der schwarze Punkt, wenn die Scheibe umgedreht wird?***

Markieren Sie die Stelle, an der Sie den schwarzen Punkt vermuten.

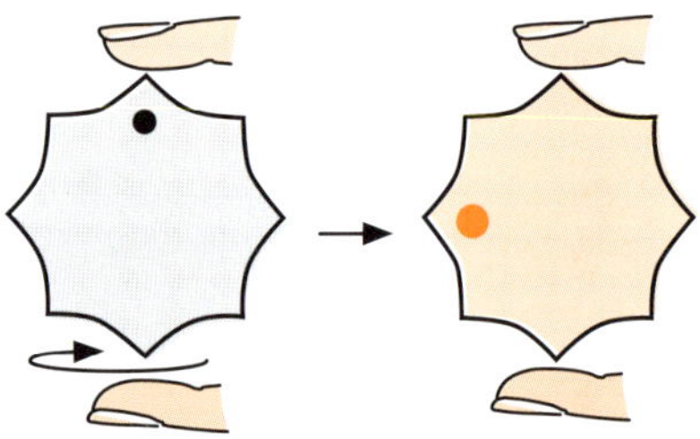

Abbildung A

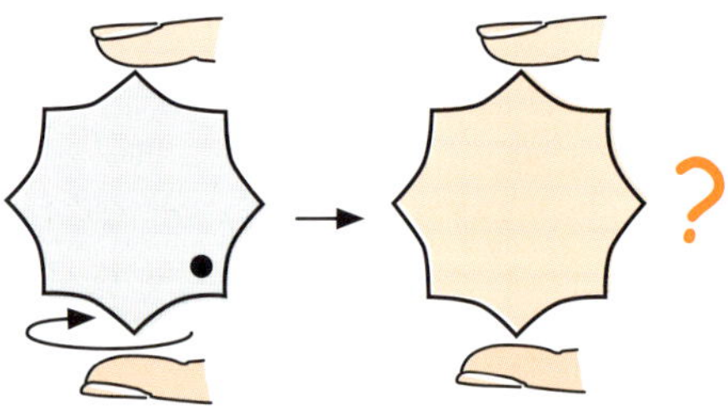

Abbildung B

Lösung Seite 171

Die Zeit steht niemals still

Eine Uhr mit Zifferblatt hat mindestens zwei Zeiger – der kleine ist der Stundenzeiger, der große der Minutenzeiger. Der große bewegt sich natürlich schneller als der kleine.

Wir gehen davon aus, dass die Uhr richtig geht: ***Wie oft wird der kleine Zeiger zwischen 12 Uhr mittags und 12 Uhr nachts vom großen Zeiger überholt?***

Lösung Seite 172

Wo ist der Stern?

In diesem Bild ist ein Stern versteckt. Er hat dieselbe Form und Größe wie der auf der Abbildung rechts unten.

Zeichnen Sie die Konturen des versteckten Sterns mit einem Stift nach.

Lösung Seite 172

Herr der Ringe

Hier sehen Sie sechs Ringe, die miteinander verbunden sind. Das Gewirr aus Ringen sieht zwar ganz verschlungen aus, aber Sie brauchen nur einen einzigen der Ringe durchzuschneiden, damit die anderen Ringe eine fortlaufende Kette bilden.

Welchen Ring müssen Sie zerschneiden, damit diese lange Kette entsteht?

Lösung Seite 172

Bonbondieb

Jemand hat Giovannis Bonbon geklaut und verschlungen! Vier Jungen stehen unter Verdacht. Sie behaupten:

A: „Es war B!“

B: „D hat es weggefuttert!“

C: „Also ich war´s bestimmt nicht!“

D: „B lügt, wenn er nur den Mund aufmacht!“

Nur einer dieser Schlitzohren sagt die Wahrheit, die anderen lügen wie gedruckt. ***Finden Sie heraus, wer das Bonbon gegessen hat?***

Lösung Seite 173

Die Qual der Wahl

Zwei Unternehmen sind auf der Suche nach einem neuen Mitarbeiter. Die ausgeschriebenen Stellen sind gleich, nur das Gehalt ist unterschiedlich.

Bei Unternehmen A verdient man 100.000 € im Jahr, das Gehalt wird jährlich um 20.000 Euro erhöht.

Unternehmen B zahlt alle sechs Monate 50.000 € und stockt das Gehalt nach jedem halben Jahr um 5000 Euro auf.

Für welches Unternehmen sollte man sich entscheiden, wenn es vor allem ums Geld geht?

Lösung Seite 173

Leck geschlagen

In einen 2,5 m tiefen Bottich wird ab 9 Uhr morgens acht Stunden lang Wasser eingelassen. Der Wasserspiegel steigt in dieser Zeit um 60 cm. Am nächsten Morgen liegt der Wasserspiegel wieder 20 cm tiefer – der Bottich scheint ein Leck zu haben!

Wenn das so weitergeht und der Wasserspiegel jeden Tag um 40 cm steigt, ***am wievielten Tag läuft der Wasserbottich dann über?***

Lösung Seite 173

Damenwahl

Schachspieler können die Dame beliebig weit horizontal, vertikal und diagonal über das Brett ziehen.

Platzieren Sie fünf Damen so auf einem 5 × 5-Schachbrett, dass keine Dame eine andere blockiert!

Lösung Seite 174

Ins rechte Eck zum Rechteck

Wollen Sie die Papierfigur aus Abbildung 1 in zwei Teile zerschneiden und sie dann zu einem Rechteck zusammensetzen, dann müssen Sie die Figur so zerschneiden, wie Sie es in Abbildung 2 sehen. Um die Teile zum Rechteck aus Abb. 2 zusammenzusetzen, müssen Sie allerdings zuerst eines der Teile umdrehen. ***Wie müssten Sie die Papierfigur zerschneiden, wenn Sie die Teile zu einem Rechteck zusammensetzen wollen, ohne sie umzudrehen?***

1

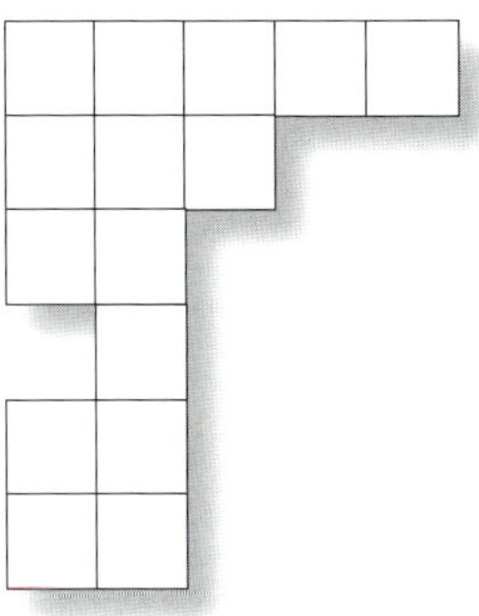

2

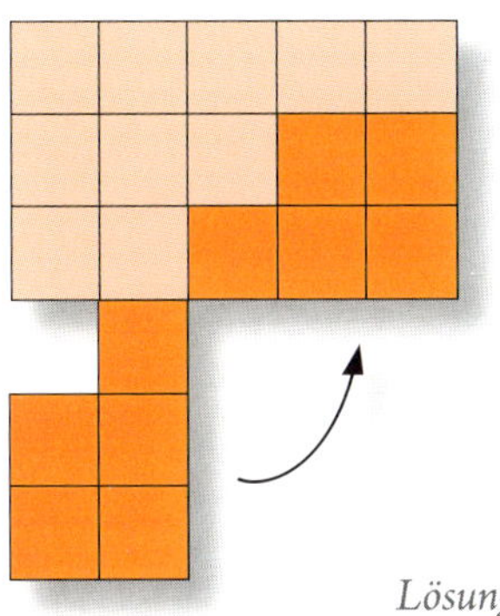

Lösung Seite 174

Zug um Zug

Ein Zug ist 100 Meter lang und braucht 30 Sekunden, um über eine 400 m lange Brücke zu fahren. Wenn er mit konstanter Geschwindigkeit fährt: ***Wie schnell fährt der Zug?***

Lösung Seite 174

Das riesen Rad

Zehn Zweierkabinen hängen an einem Riesenrad. Das Rad dreht sich so, dass jede Minute einmal eine Gondel an der Ausstiegsplattform vorbeifährt.

Das Riesenrad ist an diesem Vormittag um 10 Uhr für 30 Minuten in Betrieb gegangen. ***Wie viele Personen können in dieser Zeit maximal Riesenrad gefahren sein?***

Lösung Seite 175

Auf gute Nachbarschaft

Jeder der vier Männer soll einen eigenen Weg zwischen Haus und Arbeitsplatz erhalten. ***Zeichnen Sie diese Wege ein, indem Sie jeweils die Gebäude mit gleichen Buchstaben miteinander verbinden.*** Schwierig ist allerdings, dass sich die vier Männer nicht ausstehen können! Deshalb dürfen sich ihre Wege auf keinen Fall treffen!

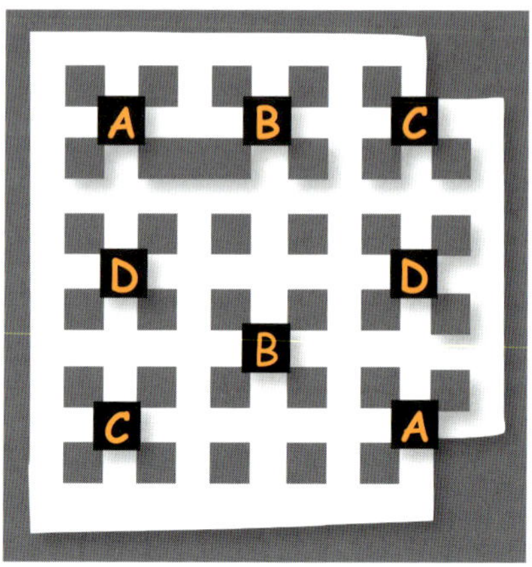

Lösung Seite 175

Der Joker und die Asse

Vor Ihnen auf dem Tisch liegen ein Joker und die vier Asse der verschiedenen Kartenfarben. Die Karten sind verdeckt. Die folgenden Hinweise helfen Ihnen, herauszufinden, ***wo sich welche Karte auf dem Tisch befindet.***

1. Kreuz liegt gleich rechts neben Herz.
2. Neben Pik liegen weder Karo noch der Joker.
3. Neben Kreuz liegen weder Karo noch der Joker.
4. Weder Karo noch Pik liegen neben Herz.

Lösung Seite 175

Grüppchenbildung

Gerade haben Sie sich auf der Post einen Bogen Briefmarken im Wert von 0,10 € bis 1,00 € besorgt.

Trennen Sie nun zuerst die Ein-Euro-Marke heraus und legen Sie sie beiseite.

Teilen Sie jetzt die übrigen Marken so auf, dass sieben verschieden geformte „Briefmarken-Gruppen" gebildet werden. Bei jeder Gruppe müssen die einzelnen Marken zusammengenommen einen Wert von je einem Euro bekommen!

10	20	10	60	100
20	50	30	20	10
10	30	10	30	20
80	20	90	10	40
10	70	10	30	10

Lösung Seite 176

Knoten oder nicht?

Sie sehen vier verschlungene Seile vor sich liegen.
Wenn Sie die Enden straff ziehen, welche Seile werden einen Knoten haben? ***Kennzeichnen Sie sie!***

Lösung Seite 176

A 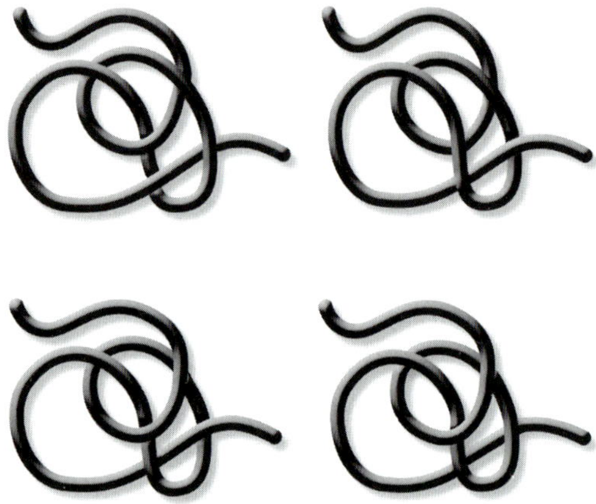 B

C D

Aufgaben aus der Kategorie SCHWER

Begegnung im Wasser

Zwei Schwimmer schwimmen durch einen Fluss mit unterschiedlichen, aber konstanten Geschwindigkeiten. Sie treffen sich das erste Mal 80 Meter vom nördlichen Ufer. Die beiden schwimmen aneinander vorbei, wenden an den Ufern und schwimmen wieder zurück. Sie begegnen sich das zweite Mal 40 Meter vom südlichen Ufer entfernt. Beide Male kamen sich die Schwimmer entgegen.
Wie viele Meter ist der Fluss breit?

Lösung Seite 177

Dreiecksbeziehung

Ein Mann macht sein Testament. Er will einem seiner drei Söhne seinen Besitz hinterlassen, dies aber nur unter einer sehr außergewöhnlichen Bedingung:

„Ich vererbe all meinen Besitz demjenigen, der die Fläche dieses dreieckigen Bereiches meines Grundstücks ausrechnen kann!" Der Mann mit dem merkwürdigen Ansinnen ist inzwischen tot, die Hinterbliebenen schauen buchstäblich in die Röhre. Die Fläche des Quadrates könnte jeder mit Leichtigkeit ausrechnen, aber die Fläche des Dreiecks?? ***Schaffen Sie es, sie auszurechnen?***

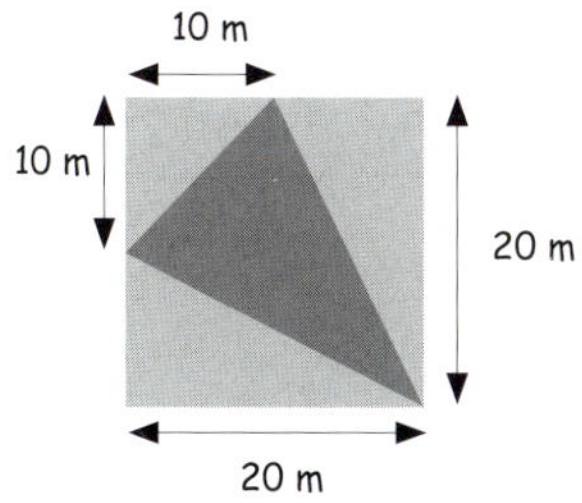

Lösung Seite 177

Umfangreich

Was in der Abbildung aufgeschrieben ist, ist alles, was man über das unten gezeigte Stück Land wissen kann. ***Berechnen Sie den Umfang des Grundstücks in Metern.***

Vorsicht ist geboten, denn die Proportionen des Grundrisses sind nicht unbedingt wirklichkeitsgetreu!

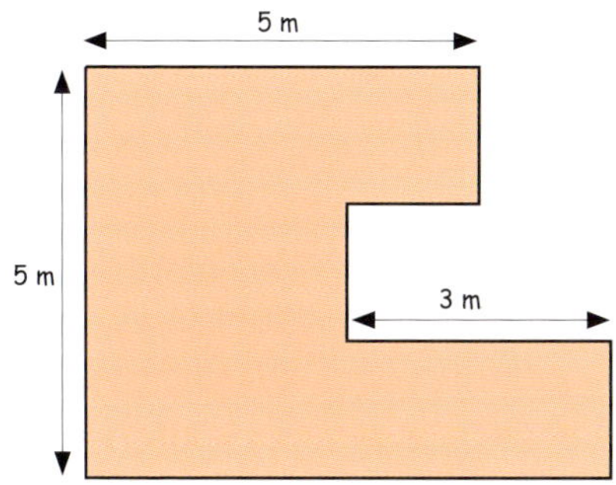

Lösung Seite 178

Gruppenspiele

Sprichwort-Pantomime

Ein sehr lustiges Spiel, mit dem Sie jede Feier richtig aufmischen können! Auch größere Kinder ab ca. 10 Jahren können problemlos dabei mitspielen. Zur Vorbereitung müssen Sie nur jede Menge Sprichwörter sammeln und aufschreiben. Beispiele für gut darstellbare Sprichwörter sind: „Lügen haben kurze Beine“, „Wer anderen eine Grube gräbt, fällt selbst hinein“, „Eine Hand wäscht die andere“ oder „Den Teufel an die Wand malen“. Aber auch gängige Redensarten können verwendet werden, zum Beispiel „Sich die Haare raufen“ oder „Jemanden auf den Arm nehmen“. Witzige Pantomimen gibt es sicher auch für „Den Nagel auf den Kopf treffen“ oder „Von Tuten und Blasen keine Ahnung haben“. Weitere Sprichwörter und Redensarten finden Sie ganz leicht im Internet. Das Spiel kann paar- oder gruppenweise gespielt werden.

Eine Person übernimmt die Spielleitung und übergibt einem Paar oder einer Gruppe das auf einer Karteikarte notierte Sprichwort. Es können aber auch alle Karten vorher in einen Topf gelegt werden und die Teilnehmer müssen eine Karte ziehen. Die Spieler haben dann die Möglichkeit, sich kurz zu beraten, und stellen dann ihr Sprichwort pantomimisch dar. Die anderen müssen erraten, was gerade gespielt wird, ehe sie selbst an der Reihe sind. Ein festgelegter Zeitrahmen treibt das Spiel voran. Erst wenn die Zeit abgelaufen und die Darstellung vorüber ist, dürfen die Zuschauer das gesuchte Sprichwort erraten.

Anregung:

- *Den Wald vor lauter Bäumen nicht sehen.*
- *Vögel, die morgens singen, frisst abends die Katz.*
- *Langes Fädchen, faules Mädchen.*
- *Auge um Auge, Zahn um Zahn.*
- *Besser den Spatz in der Hand als die Taube auf dem Dach.*
- *Dem Glücklichen schlägt keine Stunde.*
- *Der Appetit kommt beim Essen.*

- *Eine Hand wäscht die andere.*
- *Gegensätze ziehen sich an.*
- *Jeder Topf findet seinen Deckel.*
- *Man muss das Eisen schmieden solange es heiß ist.*

Wörter raten

Dafür brauchen Sie nicht einmal Materialien. Die Mitspieler müssen nur in zwei etwa gleich große Teams geteilt werden. Die „Gegner" setzen sich gegenüber, und dazwischen sollte eine kleine Fläche frei bleiben, die als Spielfeld fungieren kann.

Jede Gruppe denkt sich jetzt ein paar zusammengesetzte Nomen aus. Dreier-Wörter sind beispielsweise „Ein-Familien-Haus" oder „Personen-Kraft-Wagen". Zweier-Begriffe wären „Ohr-Feige", „Haus-Boot" oder „Gürtel-Schnalle". Um mit dem Raten zu beginnen, teilt Team A den Gegnern in Team B mit, aus wie vielen Wörtern ihr erster Begriff besteht. Team B schickt entsprechend viele Teammitglieder ins Rennen. Team A teilt den B-Spielern den Begriff leise mit, und diese haben die Möglichkeit, sich kurz zu beraten.

Es geht darum, das gesuchte Wort pantomimisch, also ohne Worte, darzustellen und es vom eigenen Team erraten zu lassen. Entweder darf jeder der B-Spieler ein einzelnes Wort vorführen oder sie versuchen den gesamten Begriff gemeinsam darzustellen.

Das Spiel ist vorbei, wenn jeder Spieler mindestens einmal eine eindrucksvolle Pantomime vorgeführt hat. Gewonnen hat das Team, das die meisten Wörter erraten konnte.

Anregung:

- *Haustorschlüssel*
- *Kindergartenerzieherin*
- *Geschenkanhänger*
- *Fragezeichen*
- *Zahnarzt*
- *Marktfrau*
- *Hochhausbalkon*
- *Schnürsenkelschleife*
- *Flohzirkusdirektor*
- *Mistkübel*
- *Torhüter*

Wer bin ich?

Bereiten Sie mehrere Zettel vor, auf denen groß und deutlich Namen von bekannten Persönlichkeiten stehen – das können Menschen aus Politik, Showgeschäft, Sport oder Kunst und Kultur sein. Jeder aus der Gruppe bekommt – natürlich ohne ihn zu sehen – einen solchen Zettel mit einem Namen auf den Rücken oder auf die Stirn geheftet. Jetzt geht jeder herum und versucht durch Fragen an die anderen den eigenen Namen zu erraten. Jeder darf jeden Mitspieler nur einmal fragen. Alles darf gefragt werden, nur nicht die konkrete Frage: ***„Wer bin ich?“*** Wer seinen Namen erraten hat, darf entspannt zuschauen, wie sich die anderen abmühen!

Galgenmännchen

Eigentlich ein Kinderspiel, das aber auch unter Erwachsenen zum Klassiker geworden ist! Sie brauchen ein Blatt Papier, eine Tafel oder ein Flipchart, und natürlich einen Stift – und schon kann es losgehen! Zuerst wird ein Mitspieler aus der Gruppe gewählt, der sich zuerst ein Wort ausdenken darf. Um den restlichen Mitspielern zu zeigen, wie viele Buchstaben das gesuchte Wort hat, wird für jeden Buchstaben je ein kleiner horizontaler Strich auf die Malfläche gezeichnet. Nun sagen die Mitspieler der Reihe nach Buchstaben auf. Ist ein Buchstabe richtig, schreibt der an der Tafel Stehende ihn an die richtige Stelle. Ist der Buchstabe falsch, beginnt er das Galgenmännchen inklusive Galgen zu malen.

Hierfür gibt es eine vorgegebene Reihenfolge:

1. Galgenbogen
2. Galgenbalken (hoch)
3. Galgenbalken (quer)
4. Seil
5. Kopf
6. Rumpf
7. rechtes Bein
8. linkes Bein
9. rechter Arm
10. linker Arm

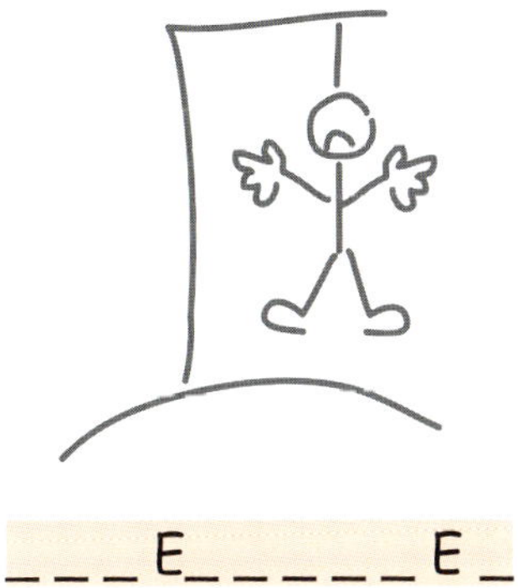

Wird bereits eine Lösung genannt, ist diese jedoch falsch, gilt dieselbe Reihenfolge wie oben beschrieben. Konnte niemand das richtige Wort erraten, bevor der letzte Strich vom Galgenmännchen gemalt wurde, hat der Maler des Galgenmännchens gewonnen. Wurde der Begriff vorher erraten, ist derjenige der nächste „Galgenmännchenmaler", der den korrekten Begriff genannt hat.

Mord im Dunkeln: Rate, wer der Mörder ist!

„Mord im Dunkeln" spielt in einer imaginären Disco. Für jeden Mitspieler – am besten 8 bis 12 Personen – wird ein Zettel vorbereitet. Auf je einem Zettel steht entweder ein „M" (für Mörder) oder ein „D" (für Detektiv). Auf die restlichen Zettel schreibt man ein „T" für Tänzer. Nun zieht jeder Mitspieler einen Zettel, der Detektiv verlässt das Zimmer, die Musik wird eingeschaltet und das Licht ausgemacht. Der Mörder sucht sich jetzt im Dunkeln sein Opfer und berührt es mit einem vorher ausgemachten Zeichen. Das kann ein dreimaliges Auf-die-Schulter-Schlagen sein oder auch ein leichtes Zwicken. Nun fällt das Opfer unter lautem Gebrüll zu Boden, möglichst so laut, dass es der vor der Türe wartende Detektiv hört. Dieser betritt nun den Raum, das Licht wird wieder angemacht und der Detektiv muss versuchen, den „Mörder" zu finden.

Dazu befragt er alle Mitspieler dreimal (ausgenommen natürlich das Opfer, das ist ja tot). Die Mitspieler müssen dem Detektiv dreimal das gleiche Alibi erzählen, mit Ausnahme des Mörders. Dieser muss eine seiner Aussagen etwas abändern. Der Detektiv muss also sehr sorgfältig zuhören, um den Mörder zu entdecken. Sollte der Mörder entlarvt werden, dann haben der Detektiv und die anderen Mitspieler gewonnen. Andernfalls gewinnt der Mörder das Spiel.

Begriffe- und Personenraten

Noch ein sehr lustiges, kurzweiliges Training für zwischendurch, das Sie mit einer oder mehreren anderen Personen spielen können, ist das Begriffe- und Personenraten. Ein wunderbarer Zeitvertreib im Stau, einer Warteschlange oder beim Warten auf die U-Bahn. Jeder Mitspieler denkt sich abwechselnd eine allen bekannte Person, einen Begriff oder einen ganzen Ausspruch aus. Die anderen Mitspieler müssen durch Nachfragen, auf die der Befragte nur mit „Ja" oder „Nein" antworten darf, herausfinden, um wen oder worum es sich handelt. Wer mehr als 20 Fragen braucht, ohne das Gesuchte herauszufinden, hat verloren!

Anregung:
„Welchen meiner Mitschüler finde ich am witzigsten?"
„Welcher meiner Lehrer verzieht immer so lustig das Gesicht?"
„Mit welchem unserer Nachbarn würde ich auf eine einsame Insel ziehen?"
„Was ist derzeit mein liebstes Kleidungsstück?"
„Wenn ich dieses Auto nicht hätte, dann wäre mein Traumwagen …?"
„Welcher Urlaub war für mich bislang der schönste?"
„Was sage ich, wenn mir was richtig gut schmeckt?"
„Bei welchem Film musste ich die meisten Tränen der Rührung weinen?"

Logicals

„Logicals" sind in den letzten Jahren immer beliebter geworden. Es gibt inzwischen ganze Magazine mit vorgefertigten Antwort-Rastern. Die Fragen laufen dabei immer nach dem gleichen Schema ab. Wollen Sie es auch einmal versuchen?

Wer trinkt Wasser und wem gehört das Zebra?

Die folgenden Feststellungen machen die Verhältnisse völlig klar:
Im mittleren Haus raucht man Zigaretten. Der Japaner wohnt rechts neben dem Pferdebesitzer. Der Engländer ist Nichtraucher und durch das weiße Haus vom Franzosen getrennt. Der Norweger trinkt Tee. Der Milchtrinker hält einen Hund und ist linker Nachbar des Pfeifenrauchers. Der Zigarilloraucher wohnt rechts vom blauen Haus. Der Deutsche ist der linke Nachbar des Japaners und Safttrinker. Das gelbe Haus steht rechts vom grünen. Der Herr im roten Haus hat eine Katze. Der Zigarrenraucher trinkt keinen Kaffee. Der Besitzer des Esels wohnt im ersten Haus und der Deutsche im gelben.
Alles klar? Dann viel Spaß ...

Lösung Seite 178

Buchstabensalat

Jeder denkt sich ein Wort aus und verwandelt es in einen Buchstabensalat. Die anderen müssen gemeinsam raten, um welches Wort es sich handelt. Der Mitspieler, der das Wort zuerst errät, darf das nächste Buchstabensalaträtsel aufgeben.

Beispiel: uaBcsltahntbaes

Lösung Seite 179

Quelle: www.gerlindehaslinger.typepad.com

Fehlersuch- und Unterschiedsbilder

Fehlersuchbilder sind ein gefundenes Fressen für „Augenmenschen" – was anderen verborgen bleibt, sehen optisch orientierte Leser spätestens auf den zweiten Blick.
Die folgenden Bilder weisen jeweils zehn Unterschiede auf. Welche?

Lösung Seite 179

Streichholz-Rätsel

1. Bewegen Sie nur ein Streichholz, damit die Gleichung stimmt.

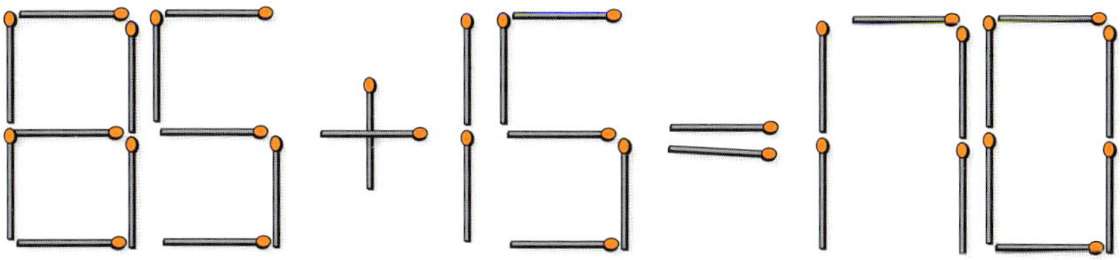

2. Lassen Sie den Hund nach links blicken und verändern Sie dafür nur zwei Streichhölzchen.

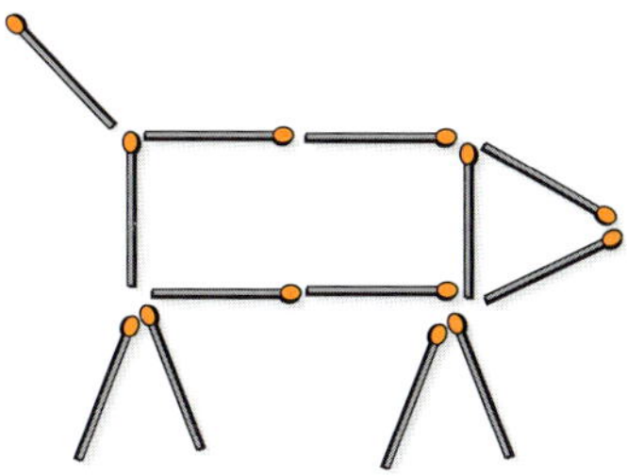

3. Legen Sie vier Hölzer neu, damit nicht mehr vier, sondern nur noch drei Quadrate zu sehen sind. Alle Quadrate müssen gleich groß sein und dürfen nicht voneinander getrennt werden.

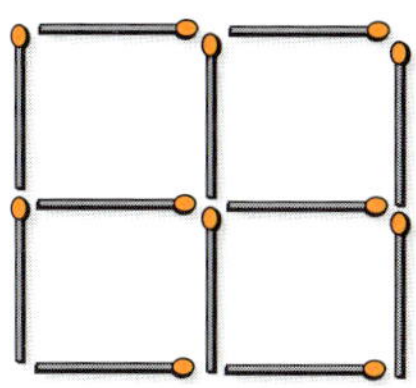

Lösung Seite 179/180

Quelle der Legespiele: www.uebi.de/pages/streich/streich3.htm

In Bildern denken

Lesen Sie sich folgende Liste aufmerksam durch (maximal 3 Minuten) und decken Sie sie dann ab. ***Versuchen Sie anschließend, möglichst viele Begriffe davon aufzuschreiben.*** Tipp: Denken Sie in Bildern! Später wird Ihnen dieses neue Denken beim Gedächtnistraining sehr behilflich sein.

Vorschlag 1

Korkenzieher	**Forelle**
Badeanzug	**Gleisbauarbeiten**
Mottenpulver	**Zeigefinger**
Nudelauflauf	**Partykeller**
Wäscheleine	**Sommerferien**

Vorschlag 2

Himbeeren	**Wäscheleine**
Osterglocke	**Eichhörnchen**
Salatsoße	**Kindergeschrei**
Kirchenglocken	**Bach**
Nachbarin	**Pfefferminze**

Vorschlag: Sie wählen nur einen Bereich, zum Beispiel das Büro oder Kinderzimmer. Weil das einfacher ist, gleich ein paar Begriffe mehr:

Büro

Locher	**Spitzer**
Karteikartenkästchen	**Stifthalter**
Füllfeder	**Kopierer**
Kaffeemaschine	**Zettelbox**
Tastatur	**Maus**
Handy	**Kalender**
Taschenrechner	**Aktenablage**
Dateiordner	**Wiedervorlage**
Multifunktionstuch	**Buch**
Regal	**Schreibtischunterlage**

Die Merkliste eignet sich hervorragend zum gemeinsamen Spiel mit Kindern. Eltern entdecken, was sich alles in einem Kinderzimmer versteckt, denn die Kinder dürfen sprachlich „vorführen"; Kinder lernen die Lebensbereiche von Eltern kennen, die natürlich über das „Büro" hinausgehen.

Kinderzimmer

Schlaftier	**Kommode**
Hörkassette	**Klötzchen**
Puppengeschirr	**Teddybär**
Kopfkissen	**Bilderbuch**
Schmusetuch	**Schnuller**
Mobile	**Dreirad**
Feuerwehrauto	**Kasperlpuppe**
Spielteppich	**Kleiderschrank**
Flöte	**Märchenbuch**
Bettvorhang	**Zauberkasten**

Nächste Aufgabe:

Fassen Sie nun bei der folgenden Liste jeweils drei Begriffe zu einem Bild zusammen. Ich wette, Sie behalten jetzt schon mehr Begriffe als vorher!

Flugzeug	Ritterburg	Quarktasche
Sonnenblume	Esstisch	Schrebergarten
Aschenbecher	Dauerwelle	Trillerpfeife
Autobahn	Lokaltür	Schreibtischstuhl
Notenständer	Eisdiele	Gesangverein
Stehlampe	Tischdecke	Ohrringe
Turnschuhe …		

Merken Sie sich möglichst viele der hier abgebildeten Gegenstände:

Ein bunter Frühstückstisch

Zusatzfrage: Was fehlt auf dem Tisch? *Lösung Seite 181*

Ostereiersuche

Zusatzfrage: Was fehlt bei dieser Suche? *Lösung Seite 181*

Sprachliche Kreativität

Mit der folgenden Übung **trainieren Sie Ihre sprachliche Kreativität.** Schreiben Sie mit den folgenden Wörtern eine Geschichte. Sie kann so lang sein, wie Sie möchten, und die Wörter können irgendwo in der Geschichte vorkommen. Es sollen aber alle Wörter enthalten sein. Versuchen Sie möglichst kreativ und lustig zu sein. Es muss auch nicht alles logisch passen.

1. Geschichte *(Beispiel)*

Auto - essen - Chinese - Ski fahren - See - Blume - Lupe - Flugzeug - Eiskasten - Waschmaschine - Kurve - Biene - Gitarre - Erdöl - Salat

2. Geschichte *(Beispiel)*

Zugabteil - Kirschen - Einmachglas - Sofakissen - Thermoskanne - Herz - Bilderbuch - Führerschein- Schokolade - schwimmen - Unterseeboot - Mädchen - Gartenzaun - Mond - Weihnachten

3. Geschichte *(Beispiel)*

Löwe - Liebeslied - Ausflugsboot - Ziehharmonika - Auspuff - Waschbecken - Rührmaschine - klingeln - Schuhabstreifer - Treppengeländer - Ölbild - Abreißkalender - Buntstifte - Herzschmerz - Haustor

Begriffe finden

Und hiermit **trainieren Sie Ihre Fähigkeit, Wörter zu finden.** Versuchen Sie mit jedem Buchstaben ein Tier, eine Pflanze, ein Gewässer und einen Namen zu finden.

- A
- T
- K
- R
- O
- P
- F
- M
- W
- D
- S
- U
- L
- J
- G

Wie flexibel und kreativ ist Ihre Gedankenführung?

Das folgende Buchstabenrätsel sagt es Ihnen ...

In den fünf Jahren, seit denen dieser Test entwickelt wurde, konnten nur wenige Testpersonen mehr als die Hälfte aller Fragen im ersten Versuch lösen. Viele berichteten jedoch, dass sie auf Antworten stießen, lange nachdem sie den Test zur Seite gelegt hatten. Besonders zu unerwarteten Zeitpunkten, wenn ihr Geisteszustand entspannt war, kamen sie auf Lösungen und konnten den Test über eine Dauer von mehreren Tagen lösen.

Versuchen Sie es selbst! Die Lösungen sind stets eindeutig.

(Bsp.: 1000 = G hat ein K-Ergebnis: 1000 Gramm hat ein Kilo)

Nr. 1	26 = B im A	Nr. 11	2 = R hat ein F
Nr. 2	7 = WW	Nr. 12	11 = S in einer FBM
Nr. 3	12 = SZ	Nr. 13	29 = T hat der FieSJ
Nr. 4	9 = P im SS	Nr. 14	32 = K in einem SB
Nr. 5	19 = GR im GG	Nr. 15	64 = F auf einem SB
Nr. 6	0 = GCidTbdWg	Nr. 16	5 = F an einer H
Nr. 7	18 = L auf dem GP	Nr. 17	16 = BL hat D
Nr. 8	90 = G im RW	Nr. 18	60 = SseM
Nr. 9	4 = Q in einem KJ	Nr. 19	3 = W aus dem ML
Nr. 10	24 = S hat der T	Nr. 20	Alle = WfnR

Lösung Seite 181

Spiele und Rätsel für Kinder

So, jetzt seid ihr dran. Ich habe für euch ein buntes Rätselpaket gepackt und ihr könnt jetzt gleich allein, mit euren Geschwistern, Eltern und/oder Großeltern „losturnen". Was für eure Eltern gilt, das ist übrigens auch für euch wichtig: gesunde Ernährung macht schlau. Wenn ihr also richtig fit werden wollt, dann versucht so oft wie möglich Obst und Gemüse zu essen und viel zu trinken. Dabei denke ich übrigens nicht an Cola oder Eistee. Wasser ist das Beste, was ihr eurem Körper geben könnt, und ich selbst trinke manchmal drei Liter am Tag, denn ich will mein gutes Gedächtnis ja behalten. Wenn ihr wollt, dann komme ich auch mal in eure Schule und erzähle euch genauer, was es mit dem Essen, Trinken und Kniffeln zu tun hat. Euer Lehrer soll mich einfach anrufen. Ich mache dann mit euch ein paar Spiele, die ihr nie vergesst und mit denen ihr eure Familien verblüffen könnt. Jetzt geht es aber mal beschaulich los ...

Buchstaben-Wirrwarr

Oje, hier ist etwas durcheinandergeraten! Wie hieß noch mal das richtige Wort? Mal sehen, wer es schneller findet, ihr oder eure Großeltern. Wenn ihr wollt, könnt ihr auch hier Punkte oder Sternchen verteilen. Wer die meisten gesammelt hat, der ist der „Buchstaben-King" im Ring!

EIERSPALT =

EISKIELE =

LUTSCHNER =

ZIEGENUHR =

BAKOHEN =

BLUMENTASE =

DREIKAD =

HALSTUDH =

WELLENTITTICH =

PERLENLETTE =

SAFTRLAS =

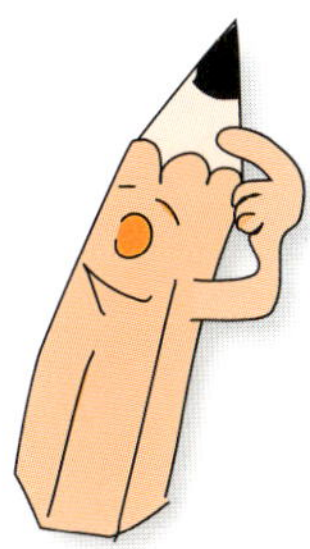

Lösung Seite 182

Rätselfragen

1. ***Monikas Vater hat 4 Töchter: Lala, Lili, Lulu ... Wie heißt die vierte?***

2. ***Heißt es die, der oder das gerade Kurve?***

3. ***Wenn du die Zahlen von 1 bis 100 schreibst, wie viel Mal schreibst du dann die 9?***

4. ***Ein Bauer hat 17 Schafe. Alle bis auf 9 sterben. Wie viele hat er noch?***

5. ***Kann eine Frau, die in Hamburg lebt, in München begraben sein?***

6. ***Du bist mein Sohn, aber ich nicht dein Vater. Wer sagt das?***

7. ***Köln schreibt man am Anfang mit „K" und hinten mit „h". Stimmt das?***

8. ***Kann man Wasser in einem Sieb tragen?***

9. ***Wenn hier 5 Bananen sind und du nimmst 2 weg: wie viele hast du dann?***

10. ***Ein Obsthändler ist stark gebaut und 1,83 m groß. Was wiegt er?***

Lösung der Rästelfragen Seite 182

Kleines Interview

Bestimmt hast du schon mal eine Talksendung im Fernsehen gesehen. Da ist der Talkmaster oder Moderator, der Fragen stellt, und die Gäste antworten. Was so ein Talkmaster kann, das kannst du schon lange! Interview zu spielen macht viel Spaß und ist eine tolle Übung, wenn ihr mit euren Großeltern spielt. Eure Großeltern erinnern sich zurück und bringen damit Bewegung in ihr Gehirn. Ihr erfahrt dabei eine ganze Menge von der früheren Zeit. Am besten ihr schreibt euch vorher schon mal ein paar Fragen auf, das machen die Moderatoren nämlich so. Je schlauer die Fragen, umso spannender das Interview. Macht eine bestimmte Zeit aus, in der ihr das Interview spielt, und begrenzt es auf unterschiedliche Situationen.

- *Wie war eine Schulstunde bei euch?*
- *Was gab es bei euch zu Hause zu essen?*

- *Was hast du nachmittags gespielt?*
- *Welche Geschäfte gab es in eurem Ort?*
- *Was habt ihr alles in der Familie selbst gemacht?*
- *Was hast du für deine Eltern zu Weihnachten gebastelt?*

Wähle dir ein Thema aus und unterteile es in Unterfragen. Zum Beispiel:

Wie lief eine Schulstunde bei euch ab?
- *Wie viele Klassenkameraden hattest du?*
- *An welche Namen kannst du dich erinnern?*
- *Wie hieß deine Lehrerin oder dein Lehrer?*
- *Welche Strafen haben die Lehrer euch gegeben?*
- *Wie lange hat eine Schulstunde gedauert?*
- *Welche Hausaufgaben habt ihr aufbekommen?*
- *Bei welchen Aufgaben hast du gespickt?*
- *Was waren deine Lieblingsspiele in den Pausen?*

Ihr werdet mal sehen, bestimmt setzen sich auch eure Eltern bald mit dazu und sperren die Ohren weit auf. Jetzt könnt ihr natürlich noch einen Schwierigkeitsgrad einfügen. Achtung, der geht so: Ihr springt jetzt in den Zeiten hin und her!

Jetzt umgekehrt:
Nun fragen dich deine Großeltern, was du von den Antworten behalten hast!

Wie lief eine Schulstunde bei uns ab?
- *Wie viele Klassenkameraden hatte ich?*
- *Wie hießen die?*
- *Wie hieß meine Lehrerin / mein Lehrer?*
- *Welche Strafen gab man uns?*
- *Wie lange hat eine Schulstunde gedauert?*

- *Welche Hausaufgaben haben wir aufbekommen?*
- *Bei welchen Aufgaben habe ich gespickt?*
- *Was waren meine Lieblingsspiele in den Pausen?*

Kreuzfeuer- Interview:
1. Frage: „Wie hieß deine Lehrerin?“
2. Frage: „Was hast du gestern zu Mittag gegessen?“
3. Frage: „Wie hast du als Kind Nikolaus gefeiert?“
4. Frage: „Welche Geschenke bekamst du letztes Weihnachtsfest?“
5. Frage: „Was war dein Lieblingsfach in der Schule?“
6. Frage: „Wie heißt der Hund deiner Nachbarin?“

Ihr merkt schon: Einmal in die Vergangenheit und wieder zurück! Das ist gar nicht so leicht, auch für euch. Es gibt Punkteabzug für Oma oder Opa, wenn sie eine Frage nicht beantworten können, und Abzug für euch, wenn ihr mit den Zeiten durcheinanderkommt!

Wie geht das Sprichwort weiter?

Wisst ihr, was ein Sprichwort ist? Das ist ein Satz, den es schon sehr lange gibt und der etwas erklären soll, aber es manchmal dann doch nicht tut. Es gibt ganz lustige Sprichwörter. Zum Beispiel:

„Langes Fädchen ...“

So, jetzt fragt eure Oma oder den Opa, wie das Sprichwort weitergeht!

„Abwarten und ...“

„Aller guten Dinge sind ...“

„Besser den Spatz in der Hand als ...“

„Besser schlecht im Auto gefahren als ..."

„Dem Glücklichen schlägt keine ..."

„Der Apfel fällt nicht weit vom ..."

„Der Krug geht so lange zum Brunnen, bis er ..."

„Einem geschenkten Gaul ..."

„Es ist noch kein Meister ..."

„Alle Wege führen nach ..."

„Es geschehen noch Zeichen ..."

„Es gibt kein schlechtes Wetter ..."

Lösungen der Sprichwörter Seite 183

Vielleicht findet ihr manche Sprichwörter komisch oder versteht sie gar nicht. Wieso schlägt dem Glücklichen keine Stunde? Alle Wege führen nach Rom, was soll das denn? Denkt mal nach, vielleicht kommt ihr ja drauf? Wenn nicht, fragt Oma und Opa, die helfen euch dann bestimmt weiter und haben vielleicht zu manchem Sprichwort noch eine lustige Geschichte aus ihrem Leben zu erzählen. Und wenn ihr noch nicht genug habt: Es gibt Hunderte von Sprichwörtern! Die findet ihr im Internet oder in Büchern, in denen sie gesammelt wurden. Oder im Gedächtnis von Oma und Opa!

Gedächtnistraining bedeutet aber nicht nur, dass man gemütlich in der Sofaecke sitzt oder im Garten. Man kann sich dabei auch bewegen, und das macht dann oft besonders viel Spaß. Fangen wir mal mit den Fingern an.

Was ist in der Tüte?

Wart ihr mit euren Eltern einkaufen und eure Großeltern hatten keine Lust mitzukommen? Dann lasst sie raten, was ihr in der Tüte habt. Nehmt eine große Tüte und steckt ein paar Kleinigkeiten rein. Einen Kaugummi, Kirschen, Nüsse, Hefewürfel, Minisalami, Minikäse ... Aber ich will euch jetzt nicht zu viele Ideen geben, denn das ist eure Aufgabe. Überlegt: Was kann man in eine Tüte geben, das eure Großeltern ertasten können, das dabei aber auch nicht kaputtgeht? Denkt mal an Tomaten, Käse uneingepackt oder Eier – da kann ganz schnell was schiefgehen und schon habt ihr die schönste Schweinerei in der Tasche! Also, die verdeckten Lebensmittel müssen klein und handlich sein, damit sie von euren Geschwistern, Eltern oder Großeltern auch ertastet werden können.

Stadt, Land, Fluss

Das ist ein unglaublich lustiges Spiel, bei dem es darum geht, gleichzeitig schnell nachzudenken, etwas zu wissen und pfiffige Ideen zu haben. Ihr könnt dieses Spiel mit beliebig vielen Personen spielen; jeder braucht einen Zettel, auf den eine Tabelle (s. u.) gemalt wird. Reihum ist jeder einmal dran, leise das ABC aufzusagen. Wenn ein anderer Mitspieler „Stopp" ruft, ist der Buchstabe dran, bei dem der Zählende in diesem Moment war. Und nun müssen alle Mitspieler – jeder so schnell wie möglich! – eine Stadt, ein Land, einen Fluss etc. finden und in die Tabelle eintragen, die mit dem jeweiligen Buchstaben beginnt. Wer zuerst fertig ist, ruft „Stop" oder „fertig", und auch die anderen müssen in diesem Moment aufhören. Für jede richtige Lösung, die auch ein anderer Mitspieler gefunden hat, gibt es einen Punkt, wer eine Lösung gefunden hat, auf die kein anderer Mitspieler kam, der bekommt zwei Punkte. Gewonnen hat, wer nach einer Runde die meisten Punkte hat.

Stadt	Land	Name	Beruf	Punkte
Eisenstadt	England	Elisabeth	Elektriker	30
...	...	...	...	

Wie ging das noch mal mit dem Papierboot?

Habt ihr schon mal ein Papierboot gefaltet oder einen Papierhut? Eure Großeltern ganz sicher. Vielleicht müssen sie ein bisschen überlegen und probieren, bevor es ihnen wieder einfällt, wie man das macht. Lasst ihnen ein bisschen Zeit und lasst es euch dann von ihnen zeigen und erklären!

Oma und Opa kennen auch bestimmt das Spiel **„Himmel und Hölle“**. Das ist ein ganz altes Faltspiel für Kinder. Es geht nicht nur darum, eine Figur zu falten, sondern man kann auch gut mit dieser Figur spielen. Sie wird auch benutzt, um zukünftige Ereignisse vorherzusagen ...

Schlupft mit den Fingern in die Ecken, lasst euch eine Zahl nennen, klappt die Finger auf uns zu und stellt dazu Fragen wie:

Wie wird das Wochenende?
Was machen wir morgen?
Wo werde ich landen?
Was ist der Abwasch für Papa?
Wohin fahren unsere Nachbarn?

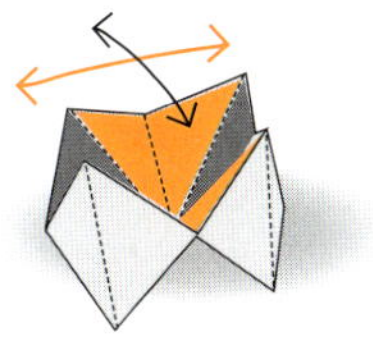

„Himmel und Hölle“ spielen übrigens Menschen auf der ganzen Welt! In England heißt sie zum Beispiel „Fortune Teller“ (übersetzt heißt das „Wahrsager“).

Faltanleitung:

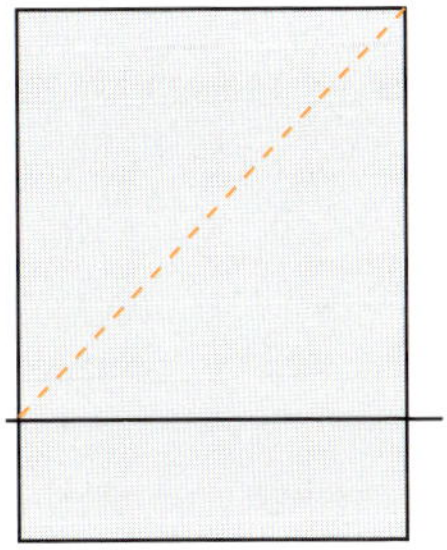

1. Nimm ein Blatt Papier vom Format DIN A 4 and falte es an der orangenen Linie.

2. Schneide den unteren Streifen ab.
Es ist ein Quadrat entstanden.

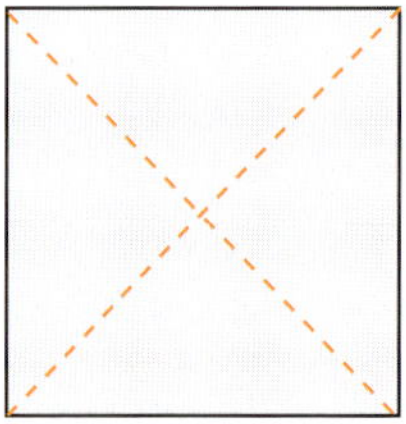

3. Falte das Quadrat an der orangenen Linie und entfalte es wieder. Auf diese Weise wird die Mitte des Quadrates markiert.

4. Falte viermal, so dass die Ecken des Quadrates in der Mitte zusammentreffen. Das läuft auf das Falten an den roten Linien hinaus.

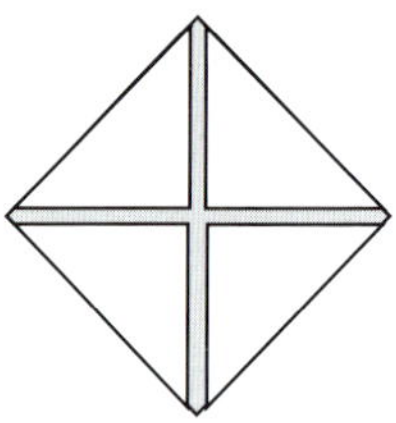

5. Das müsste dann so aussehen.

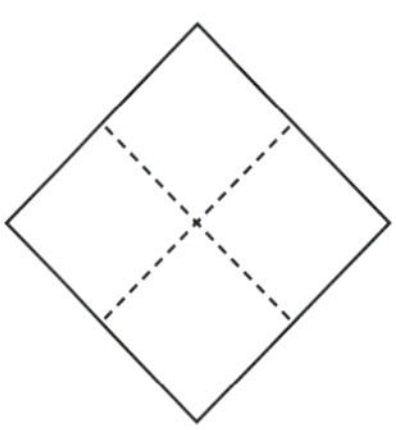

6. Drehe das Quadrat um. Die Mittellinien sind als Faltlinien sichtbar.

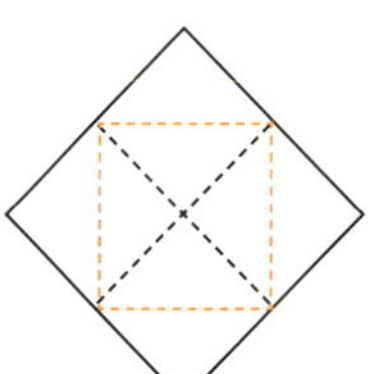

7. Falte wieder viermal an den orangen Linien zum Mittelpunkt hin.

8. Es entsteht ein halb so großes Quadrat mit vier (eigentlich acht) Dreieck die sich in der Mitte treffe

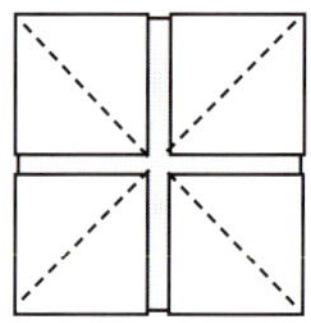

9. Drehe das Papier um. Vier Quadrate treffen sich der Mitte.

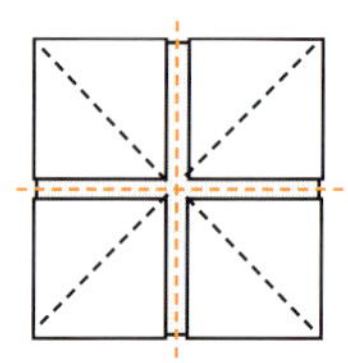

10. Falte das Quadrat an d blauen Linien mehrmals u mache die Faltungen wied rückgängig. Die orangene Linien bedeuten Berge.

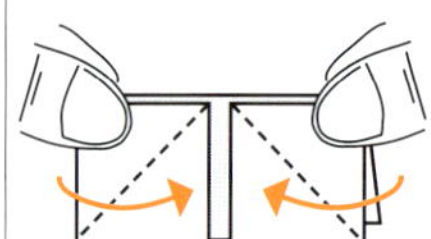

11. Behalte für das Öffnen eine Faltung bei. Fasse die oberen Ecken des Papiers mit Daumen und Zeigefin und drücke die Ecken in Pfeilrichtung.

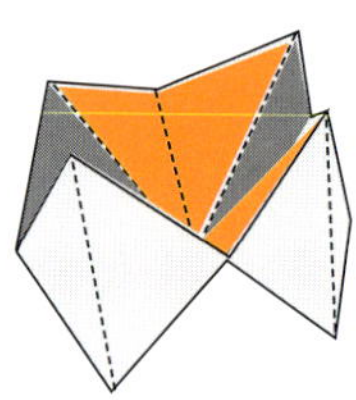

12. Es entsteht die neben-stehende Figur, wenn man zusätzlich die quadratisch Einzelblätter nach außen legt. Himmel und Hölle is fertig.
Früher färbte man die hal Unterseite rot für Hölle, d andere blau für Himmel.

Schiffe versenken

Kennt ihr das Spiel auch? In Schulstunden, in denen es mir besonders langweilig war, stupste ich vorsichtig meinen Banknachbarn an, wir nickten uns zu und dann ging es los.

Bei diesem Spiel geht es darum, durch das (im Unterricht leise) Abfragen von Koordinaten (z. B. A2 oder B4) die Schiffe des Mitspielers aufzuspüren und dann, oh Graus, zu versenken. Zum Glück nur auf dem Papier.
Für dieses Spiel werden pro Spieler zwei Koordinatensysteme (11 Kästchen mal 11 Kästchen) gebraucht. Auf das eine System malt man seine Schiffe – das bleibt für den anderen verdeckt. Auf das freie Blatt malt man die Kästchen aus, die man abgefragt hat und die entweder „See" oder „Schiff" sind. Wenn hinter einer abgefragten Koordinate (z. B. A1) kein Schiff ist, dann wird in das Kästchen einfach ein Strich gemacht. Damit wird auch erkennbar, dass man dieses Kästchen bereits abgefragt hat. Ist ein „Treffer!" gemeldet, dann macht man ein Kreuz. Versenkt ist ein Schiff, wenn das komplette Schiff gefunden wurde. Gewonnen hat der Kapitän oder die Kaptänin, der die Schiffe des anderen zuerst entdeckte.

Folgende Schiffe gibt es üblicherweise:

- 4 U-Boote (vier Mal ein X)
- 3 Kreuzer (drei Mal zwei X)
- 2 Zerstörer (zwei Mal drei X)
- 1 Schlachtschiff (ein Mal vier X)

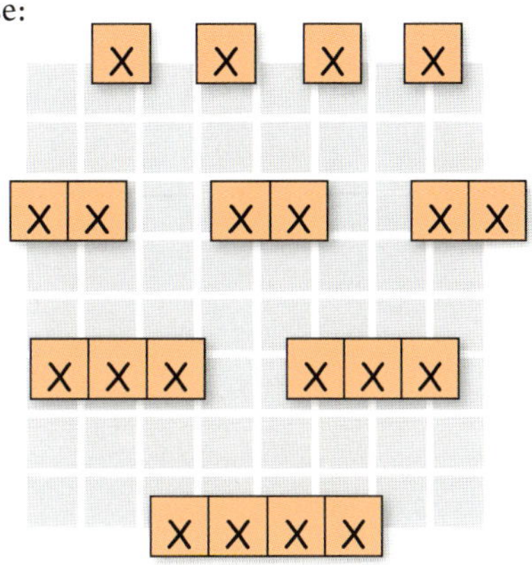

Beispiel: Verstecken der eigenen Schiffe

	A	B	C	D	E	F	G	H	I	J
1					X					
2		X	X						X	
3									X	
4		X			X					
5					X			X		
6					X					X
7								X		
8	X	X	X	X				X		
9								X		
10				X	X					

Beispiel: Auf der Jagd nach den Schiffen des Gegners

	A	B	C	D	E	F	G	H	I	J
1	-	-								X
2										X
3								-	-	-
4										
5			-							
6		-	X							
7		-								
8			-							
9		-				X	X			
10	-									

Noch mehr Ideen findet ihr auf den Seiten für eure Großeltern. Ich finde es nämlich toll, wenn Großeltern und Enkel zusammen spielen!

Denksport für Senioren

Liebe Großeltern, vielleicht haben Sie in den vergangenen Jahren nicht immer nur liebevoll, sondern auch manchmal ein wenig neidisch auf Ihre Enkel geschaut: Was die sich alles merken können! Wie schnell die Neues begreifen! Bei sich selbst dagegen haben Sie wahrscheinlich mehr oder weniger besorgt festgestellt, dass Sie immer häufiger mal einen Namen oder eine Begebenheit vergessen, dass Sie sich schwerer tun als früher, sich zu konzentrieren, oder dass bestimmte Umwelteinflüsse, z. B. Hintergrundmusik, Straßenlärm oder Stimmengewirr, Sie viel schneller ablenken und irritieren als früher. „O je, ich werde alt!" – diesen Stoßseufzer haben wohl alle Menschen über fünfzig schon mal von sich gegeben.

Aber seien Sie unbesorgt: Die Veränderungen, die Sie bei sich bemerken, sind in aller Regel vollkommen natürlich und bedeuten nicht, dass Ihr Gehirn direkt auf den altersbedingten Verfall zusteuert! Ihr Hirn ist immer noch in der Lage, richtig gute Arbeit zu tun – nur braucht es dafür eben etwas mehr Aufwand und auch mehr Zeit als früher. So wie ein älterer Sportler die Muskeln in seinem Körper noch konsequenter trainieren muss als früher, um weiterhin fit und leistungsfähig zu bleiben, so braucht auch das menschliche Gehirn immer regelmäßigere „Trainingseinheiten", um uns auch im Alter noch ein treuer, verlässlicher Begleiter zu sein. Und, das werden Sie, wenn Sie sich mit diesem Buch beschäftigen, immer wieder feststellen: Wir sprechen hier nicht von harter, mühseliger Arbeit! Nein, es kann unglaublichen Spaß machen, das Hirn auf Trab zu bringen – ganz besonders, wenn Sie das bei vergnüglichen Spielen und Rätseln tun, im Idealfall im Zusammensein mit Ihrer Familie, mit Ihren Enkeln. Es ist inzwischen bekannt, dass unser Gehirn am besten und schnellsten in Fahrt kommt, wenn wir mit Spaß und Freude bei der Sache sind. Unser Gehirn ist kein Müßiggänger, es will gefordert werden, möchte sich anstrengen, kreativ sein und spielen – und zwar bis ins hohe Alter. Es ist nie zu spät, mit dem Gehirntraining zu beginnen. Vernachlässigen wir dagegen diesen wertvollen Schatz in unserem Kopf, dann verspüren die „grauen Zellen" immer weniger Lust, etwas zu leisten. Die Folge: wir empfinden unser Gedächtnis zunehmend als „Sieb".

So altert das Gehirn

Das Gehirn ist das Organ im menschlichen Körper, das sich im Lauf eines Lebens am stärksten verändert. Bis etwa zum 20. Lebensjahr durchläuft es verschiedene Entwicklungsprozesse. Abhängig vom Alter, ist es mal besonders leistungsfähig, wenn es um bildliches Denken und aufmerksame Wahrnehmung geht, dann wieder beim abstrakten und logischen Denken. Nach dem 20. Lebensjahr geht es dann tatsächlich schon bergab; die natürlichen körperlichen Alterungsprozesse setzen ein und auch das Gehirn mit seinen komplexen Abläufen ist natürlich davon betroffen. Allgemein kann man sagen, dass auch ein älteres Hirn noch leistungsfähig ist, aber mit der Zeit in allem langsamer wird. Es braucht einfach immer länger, um die Fülle von Informationen, die in jeder Minute auf es einstürmen, zu verarbeiten. Das ist der Grund dafür, dass es älteren Menschen z. B. schwerer fällt als jungen, eine Fremdsprache zu lernen, oder gespeichertes Wissen auf Abruf parat zu haben („Wann Lisas Geburtstag ist? ... Ach, verflixt, das wusste ich doch immer ganz genau...!“ – „Wie hieß doch gleich der Freund meiner Enkelin?“).

Lange Zeit hat man angenommen, dass die Gedächtnisleistungen nachlassen, weil Gehirnzellen absterben und nicht ersetzt werden. Heute dagegen weiß man, dass der Informationsfluss im Gehirn nicht mehr ungehindert strömt, weil schon etwa ab dem 20. Lebensjahr immer mehr Synapsen (die Verbindungen zwischen den Nervenzellen) verschwinden. Zwar ist es so, dass bei einer sehr regen Hirntätigkeit auch immer wieder neue Synapsen entstehen – doch sterben mit zunehmendem Alter mehr Synapsen ab, als neue gebildet werden. Traurig, aber wahr: Ausgerechnet in den Hirnregionen, die für das Gedächtnis und das Lernen zuständig sind – das sind der präfrontale Cortex im Stirnlappen der Hirnrinde und der Hippocampus mitten im Großhirn –, fallen im Lauf der Zeit besonders viele Synapsen weg. Kein Wunder also, wenn wir vergesslicher und geistig etwas „schwerfälliger“ werden! Das Gehirn „schwächelt“ also im Lauf der Zeit, muss aber bei älteren Menschen gleichzeitig auch noch mehr als früher leisten. Denn andere Körperfunktionen sind ja nun auch nicht mehr so zuverlässig wie früher einmal! Je älter wir werden, desto schlechter sehen und/oder hören wir meistens, nachlassende Muskelkraft macht Bewegungen, die wir früher ganz automatisch ausgeführt haben, mühsamer, kurz: Das Gehirn muss viel mehr Aufmerksamkeit als früher liefern, damit wir unseren Alltag meistern können, im Gegenzug haben wir dann natürlich weniger Hirnkapazitäten frei, um andere Informationen mühelos aufnehmen zu können.

Was können Sie jeden Tag selbst tun, um geistig fit zu bleiben?

Zum Glück gibt es jede Menge Möglichkeiten, dem altersbedingten Leistungsabbau entgegenzutreten! Dazu müssen Sie auch nicht pausenlos rätseln, spielen oder komplizierte Rechenaufgaben knacken. Schon wenn Sie täglich für ein wenig Abwechslung von der gewohnten Routine sorgen, bleibt Ihr Gehirn länger aktiv.

Ein paar Anregungen, die Sie in Ihren Alltag integrieren könnten:

1. Machen Sie zum Beispiel öfter mal einen Umweg, wenn Sie die gewohnten Gänge zum Arzt, zum Einkaufen oder zu Ihrem Lieblingscafé gehen. Halten Sie die Augen offen und schauen Sie sich aufmerksam um, Sie werden ganz bestimmt viel Neues entdecken! Oder wie wäre es, die Wohnung mal ein bisschen umzuräumen oder die Teller und Töpfe in der Küche in einen anderen Schrank zu räumen als bisher? Alles, was Routine und automatische Abläufe unterbricht, gibt Ihrem Gedächtnis wieder einen neuen Kick. Allein schon die Besteckschublade mit einer anderen auszutauschen, schafft eine ganz schöne Umorientierung – Sie werden sehen! Das Gehirn ist dadurch gezwungen, einmal wieder bewusst Dinge zu tun, an die man vorher buchstäblich keinen Gedanken mehr „verschwendet" hat.

2. Lassen Sie beim Einkaufen mal den Merkzettel zu Hause. Versuchen Sie sich alles einzuprägen, was Sie besorgen wollen. Vielleicht lassen Sie sich

zu jeder Sache eine lustige Eselsbrücke einfallen? Oder Sie zählen die Produkte, die Sie kaufen wollen, ab: Sie wissen, dass Sie elf Dinge kaufen wollen, und rufen sich dann im Laden alles wieder in Erinnerung, bis Sie beim elften Produkt angekommen sind und sicher sein können, nichts vergessen zu haben. Das ideale Gehirnjogging für zwischendurch!

3. Wecken Sie Ihre Fantasie und gehen Sie auf eine innere Traumreise! Wenn Sie gemütlich auf der Couch sitzen, schließen Sie die Augen und stellen Sie sich vor, dort unterwegs zu sein, wo Sie immer schon mal hinwollten. Was taucht vor Ihrem inneren Auge auf? Vielleicht wunderschöne, sattgrüne Bergwiesen, auf denen Sie genüsslich wandern? Oder finden Sie sich an einem paradiesischen Sandstrand wieder, vor Ihnen das türkisgrün schimmernde Meer? Vielleicht träumen Sie sich auch in einen nordafrikanischen Basar hinein, voller Stimmengewirr, bunter Farben und verführerischer, exotischer Gerüche? Nur zu, Ihrer Fantasie sind keine Grenzen gesetzt!

4. Wenn Sie die Möglichkeit haben, tatsächlich zu verreisen, dann tun Sie es! Sie sammeln Eindrücke, sehen und lernen bisher Unbekanntes, schnappen den einen oder anderen Satz einer fremden Sprache auf, verständigen sich vielleicht kreativ mit Händen und Füßen – alles gutes Futter für Ihre geistige Fitness!

5. Wenn schon Fernsehen, dann wählen Sie interessante Reportagen aus. Oder lernen Sie noch einmal eine Fremdsprache – Ihr Gehirn hungert nach regelmäßigen Informationen und den neuen Herausforderungen, die das Lernen mit sich bringen. Ich kenne eine alte Dame, die begonnen hat sich ihre Fernsehzeit zu gestalten. Sie kauft sich das Programmheft, studiert es aufmerksam und markiert sich dann die Sendungen, die sie sehen möchte. Auf diese Weise vermeidet sie das unkontrollierte Sitzen im Fernsehsessel und die elende Zapperei. Sie hat die Verantwortung für ihren Fernsehkonsum übernommen und die obersten Gebote sind „Qualität" und wirkliche „Unterhaltung".

6. Entdecken Sie die kreativen Seiten in sich! Die meisten Menschen haben Spaß an irgendeiner künstlerischen Betätigung – sei es Basteln oder Nähen, Zeichnen oder Blumenstecken, Tanzen oder Musizieren. Tänzer aktivieren bei den Drehungen und Schrittfolgen im Rhythmus der Musik bestimmte Hirnregionen, welche die Verarbeitung von Informationen steuern. Und sie verbessern ganz automatisch die körperliche Fitness und Koordination. Beim Musizieren – oder auch beim Hören von Musik – trainieren Sie Ihr Gehirn nicht nur durch Üben. Die Musik setzt auch Emotionen frei, die wiederum wichtige Gehirnareale mobilisieren.

7. Wie steht´s mit Ihrer Beweglichkeit? Spazierengehen, Treppensteigen, Laufen und Walken – Experten empfehlen gerade älteren Menschen solche Betätigungen. Zahlreiche Untersuchungen haben inzwischen gezeigt, dass Bewegung und Sport nicht nur der körperlichen Fitness dienen, sondern auch für die wichtige „Durchlüftung" des Gehirns sorgen. Schon wenn Sie ganz einfach nur flott durch einen Park spazieren, bringen Sie Ihr Hirn in Schwung. Versuchen Sie, sich möglichst drei Mal pro Woche, jeweils etwa eine Stunde lang, sportlich zu betätigen. Natürlich sollten Sie sich eine Sportart suchen, die Ihnen auch Spaß macht. (Sie erinnern sich? Mit Spaß geht alles leichter!)

8. Vergessen Sie nicht, regelmäßig zu entspannen! Wie Sie am liebsten Stress abbauen, bleibt dabei ganz Ihnen überlassen – ob bei einem Nickerchen auf der Couch, bei Yoga oder Qigong, mit oder ohne Musik, beim Träumen mit offenen Augen oder beim Spaziergang im Wald. Hauptsache, Belastendes fällt von Ihnen ab und Sie fühlen sich hinterher ausgeglichen und ruhig!

9. Ganz wichtig: soziale Kontakte pflegen! Treffen Sie sich regelmäßig mit Freunden, gehen Sie aus, besuchen Sie interessante Ausstellungen und Lesungen, Theaterstücke oder Opernaufführungen! Ihre Enkel freuen sich, wenn Sie öfter mal mit ihnen ein Kinder- oder Naturkundemuse-

um besuchen. Oder laden Sie mal wieder die Familie und Freunde zu einem Spieleabend ein! Das alles hebt nicht nur die gute Laune; mehrere Studien haben nachgewiesen, dass solche Aktivitäten, gemeinsam mit anderen erlebt, gerade bei älteren Menschen das Gehirn optimal „füttern"!

10. Apropos Füttern: Auch mit einer ausgewogenen, maßvollen und gesunden Ernährung halten Sie Ihr Gehirn fit. Fachleute empfehlen reichlich Obst und Gemüse, mindestens ein Mal pro Woche Fisch, gesunde Fette und ausreichend Flüssigkeit, vor allem Wasser und Kräutertees. Kohlehydrate sind fürs Gehirn wie der Treibstoff fürs Auto: Sie sorgen für Kraft und Antrieb. Entscheiden Sie sich aber so oft wie möglich für „gute" Kohlehydrate, wie sie z. B. in Vollkornbrot, ungesüßtem Müsli, Dinkel, Roggen, Gemüse und Obst vorhanden sind. „Schlechte" Kohlehydrate, die wir über fette Torten, süße Limonaden und alle anderen stark gezuckerten oder gesüßten Speisen aufnehmen, sollten Sie nach Möglichkeit vermeiden. Gelegentliche „süße Sünden", mal ein schönes Gläschen Wein oder einen üppigen herzhaften Sonntagsbraten sollten Sie sich aber gönnen. Wenn Sie sich alle leiblichen Freuden verkneifen, verlieren Sie auf Dauer nur Ihre gute Laune!

Welches Fett unterstützt das Gehirn?

Zahlreiche Studien weisen inzwischen auch darauf hin, dass die „richtigen" Fette eine große Rolle spielen, wenn es um den Erhalt der geistigen Fitness geht. Experten empfehlen, die Ernährung mit reichlich ungesättigten Fetten anzureichern. Die bekommen Sie, wenn Sie ausreichend bestimmte Fischsorten wie z. B. Lachs, Makrele und Thunfisch, Spinat, Walnüsse und bestimmte Öle (Raps-, Soja-, Distel-, Erdnuss-, Traubenkern- und Maiskeimöl) zu sich nehmen. Meiden sollten Sie dagegen Nahrungsmittel, die gesättigte Fette enthalten, also etwa fette Wurst, panierte und frittierte Speisen, Burger, Pommes und Co.

Viel Spaß macht es mit den Enkeln zu trainieren, dass haben inzwischen auch ganze Internetportale erkannt. Für die Zielgruppe „Großeltern und Enkel“ gibt es inzwischen auch bei den Denksportaufgaben ein richtiges Angebot. Das Spiel zwischen Großeltern und Enkel, fordert beide, stärkt das Sozialgefühl, ist ein Erlebnis, macht vertraut ... ach, es gibt viele gute Gründe, sich gemeinsam an den Tisch zu setzen oder miteinander in die Natur zu gehen. Denn Raten und Kniffeln ist auch bei einem Spaziergang möglich. Viele Kniffelspiele für Kinder sind auch für Senioren im Spiel mit den Enkeln bestens geeignet. Auch wenn es für die Großeltern manchmal eher leichtes Rätselfutter ist, amüsieren sich doch beide zusammen und sicher wird auch viel dabei gelacht. Das gemeinsame Lachen stärkt die Bindung zwischen Großeltern und Enkeln und versorgt gleichzeitig das Gehirn mit Sauerstoff. Besser geht es nicht!

Bevor ich Ihnen da ein paar Ideen gebe, laufen wir aber erst einmal gemeinsam warm. Schließlich merken sich Kinder jeden Tag so viel und sind deswegen in Topform. Eine Runde Gehirnmuskeltraining vor dem gemeinsamen Spiel wird den Gedächtnisspaß erhöhen.

Ein Beispiel für ein einfaches Hirntraining mit Spaß: Gehen Sie durch das abgebildete Labyrinth von links oben nach rechts unten. Wie schnell finden Sie den Weg?

Abb. Labyrinth: www.blinde-kuh.de

Jetzt wieder ein paar Rätsel, zum fit zu bleiben

Goethestraße

5 nebeneinander liegende Reihenhäuser auf der Goethestraße haben die Hausnummern (von links nach rechts): 12; 14; 16; 18; 20.

Frage: Welche Familie wohnt in welchem Haus?

Hinweise:

Familie Kaiser und Kunz sind Nachbarn.
Familie Moos wohnt nicht im Haus Nr. 12.
Familie Kunz wohnt nicht in einem Eckhaus.
Dr. Jäger ist neben Familie Roth eingezogen.
Familie Kunz ist kein direkter Nachbar zur Familie Moos.
Dr. Jäger lebt nicht in der Mitte der 5 Häuser.
Familie Moos wohnt nicht neben Familie Kaiser.

Lösung Seite 184

Das „Einstein-Rätsel"

Albert Einstein verfasste dieses Rätsel im letzten Jahrhundert. Angeblich sollen 98% der Weltbevölkerung nicht in der Lage sein, es zu lösen. Aber Sie schaffen es bestimmt!

Es gelten folgende Regeln:

Es gibt fünf Häuser mit je einer anderen Farbe.
In jedem Haus wohnt eine Person einer anderen Nationalität.
Jeder Hausbewohner bevorzugt ein bestimmtes Getränk, raucht eine bestimmte Zigarettenmarke und hält ein bestimmtes Haustier.
Keine der 5 Personen trinkt das gleiche Getränk, raucht die gleiche Zigarettenmarke oder hält das gleiche Tier wie einer seiner Nachbarn.

Es gibt folgende Hinweise:

Der Besitzer des gelben Hauses raucht Dunhill.
Der Mann, der im mittleren Haus wohnt, trinkt Milch.

Der Brite lebt im roten Haus.
Der Mann, der ein Pferd hält, wohnt neben dem, der Dunhill raucht.
Der Norweger wohnt im ersten Haus.
Das grüne Haus steht (direkt) links vom weißen Haus.
Der Winfield-Raucher trinkt gerne Bier.
Der Marlboro-Raucher wohnt neben dem, der eine Katze hält.
Der Däne trinkt gerne Tee.
Der Norweger wohnt neben dem blauen Haus.
Der Marlboro-Raucher hat einen Nachbarn, der Wasser trinkt.
Der Deutsche raucht Rothmans.
Der Besitzer des grünen Hauses trinkt Kaffee.
Der Schwede hält einen Hund.
Die Person, die Pall Mall raucht, hält einen Vogel.
Gesucht wird die Person, die einen Fisch hält!

Lösung Seite 184

Der verschwundene Euro

Drei Studenten wollten sich gemeinsam einen Wecker kaufen. Er kostete 30 Euro. „Also gut", dachten sich die drei, „dann muss jeder 10 Euro bezahlen!" Sie bezahlten bei einem jungen Verkäufer an der Kasse und gingen aus dem Laden hinaus. Kurze Zeit später kam der Inhaber des Uhrengeschäftes an die Kasse und fragte den jungen Verkäufer, warum er den Studenten den Wecker für 30 Euro verkauft hätte, da er doch nur noch 25 Euro kostete. Und weil der Inhaber wusste, dass Studenten nicht immer so viel Geld haben, schickte er den Verkäufer hinter den dreien her, weil er ihnen die 5 Euro wiedergeben solle. Der Verkäufer rannte los. Währenddessen überlegte er sich: „Ich habe drei Studenten und 5 Euro, denen würde es auch nicht auffallen, wenn ich mir davon 2 Euro einstecken würde und jeder nur 1 Euro kriegt." Er holte die drei schließlich ein und gab jedem 1 Euro. Also hat jeder Student 9 Euro bezahlt. 3 mal 9 ist 27 plus die 2 Euro, die der Verkäufer eingesteckt hat, sind 29. Wo ist der eine Euro geblieben?

Lösung Seite 184

(aus www.denksport-ecke.de)

Zwei Bilderrätsel

Welcher Begriff ist hier abgebildet?

Lösung Seite 184

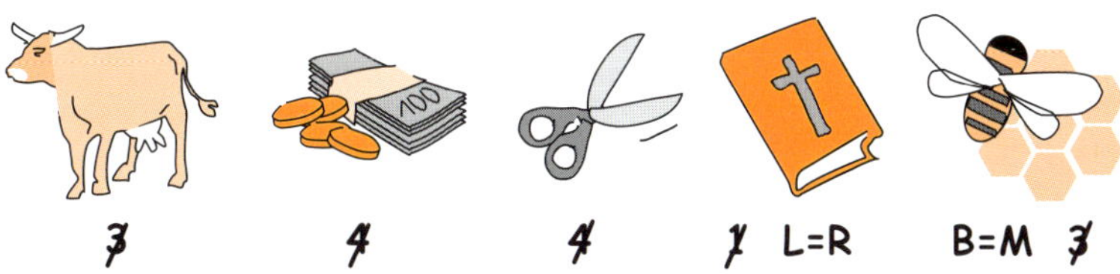

Lösung Seite 184

3 x Sudoku (leicht, mittel, schwer)

leicht:

4	5						7	8
	2		7		3		5	
3				6				2
	4		1		9		3	
		8				7		
	9		8		5		4	
1				5				4
	6		4		2		8	
5	3						2	7

mittelschwer:

	1		9			8		
					8			4
6		5				7		
	9			6				8
			2		7			
8				3			6	
		2				5		3
1			4					
		6			2		1	

schwer:

	2						4	3
	5		3		7	6		
		6		2				
		3		4	8		9	
				6				
	9		1	5		2		
				1		3		
		8	5		6		1	
7	1						5	

Lösung Seite 185/186

(Quelle: www.sudoku-raetsel.net)

Fehlersuche

Die folgenden Bilder weisen jeweils zehn Unterschiede auf. Welche?

Lösung Seite 186

Wortsuchrätsel

In diesem Quadrat sind acht Städte und 13 Flüsse versteckt. Finden Sie sie?

I	S	A	R	U	X	G	Y	A	N	G	T	S	E	I
I	O	N	M	T	D	D	L	M	B	M	O	U	L	F
M	Y	H	B	M	Q	I	B	A	X	I	S	J	U	D
~~D~~	~~O~~	~~N~~	~~A~~	~~U~~	O	C	M	Z	C	S	M	G	U	N
R	A	K	R	R	Z	N	V	O	X	S	P	R	A	G
H	G	N	N	N	A	W	F	N	J	I	V	F	C	Y
E	W	R	P	A	R	I	S	A	G	S	D	R	I	S
I	X	C	L	X	F	N	P	S	A	S	O	A	T	H
N	W	O	L	G	A	N	R	Q	N	I	U	N	H	X
H	E	P	O	C	D	H	H	A	G	P	E	K	E	S
R	X	N	N	W	E	S	E	R	E	P	A	F	M	W
O	I	O	D	P	K	Ö	L	N	S	I	L	U	S	N
M	R	U	O	L	U	V	B	V	U	G	A	R	E	I
Q	F	E	N	S	O	S	E	K	G	C	G	T	G	L
M	O	S	K	A	U	H	A	M	B	U	R	G	B	W

Lösung Seite 187

Buchstabenschieben

Jeweils ein Buchstabe aus jeder Kästchenspalte im linken Rätsel ist zu entnehmen und in die rechte einzutragen. Nach Verteilung aller Buchstaben ergeben sich in der rechten Grafik sinnvolle Begriffe, die alle denselben Anfangsbuchstaben haben.

R	T	U	S
N	T	R	R
N	R	O	O
M	O	N	N
M	N	I	N
L	M	I	N
L	I	H	M
K	F	G	E
H	A	E	E
D	A	E	A

I				
I				
I				
I				
I				
I				
I				
I				
I				
I				

Lösung Seite 187

Quelle: http://www.bullspress.de/deutschland/Syndication/Products/erwgre/dekorative-Ratsel-und-Luckenfuller/Buchstabenschieben/

Pillenrezept

Einem Patienten sind zehn Pillen verschrieben worden. Von heute an muss er jeden Tag eine davon schlucken – und zwar in einer ganz bestimmten Reihenfolge, weil der Wirkstoffgehalt von Pille zu Pille variiert. Da die Pillen alle gleich aussehen, hat der Mann beschlossen, sie zu nummerieren.
Wie viele Pillen muss der Mann mindestens nummerieren, wenn er sie in der richtigen Reihenfolge einnehmen will?

Lösung Seite 188

Schrebergarten

Sie haben beschlossen, einen Schrebergarten zu pachten. Als Sie dem Besitzer sagen, dass Sie wenig Platz brauchen, um zwölf Pflanzen zu setzen, zeigt er Ihnen die vier verfügbaren Grundstücke mit den Bezeichnungen A, B, C und D.
Zusätzlich zu den Kosten der Landfläche basiert die Pacht dabei auch auf der Länge des Zauns, der das jeweilige Gartenstück abgrenzt.
Welcher Schrebergarten ist der teuerste?

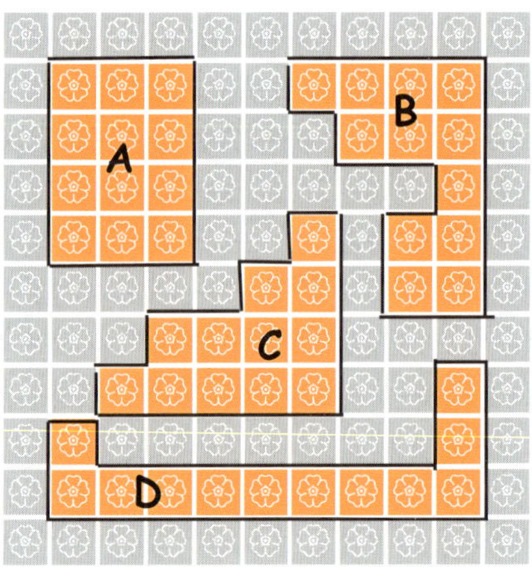

Lösung Seite 188

Gemeinsames Spiel: Großeltern und Enkel

Wenn Sie die Spiele und Rätsel auf den vorigen Seiten ausprobiert haben, haben Sie bestimmt gemerkt, wie viel Spaß diese Form des „Gehirnjoggings" machen kann – auch wenn Sie dabei ganz allein sind. Aber ich kann es gar nicht oft genug betonen: In Gesellschaft lieber, vertrauter Menschen macht alles noch einmal so viel Spaß – und sobald Spaß im Spiel ist, vergrößert sich der Lerneffekt ganz beachtlich!

Ganz bestimmt lieben Sie es, mit ihren Enkelkindern Zeit zu verbringen, mit ihnen zu sprechen, zu lachen und zu spielen. Im Zusammensein mit Kindern kommt bei Älteren auch ganz automatisch das Gehirn in Schwung. Kinder stellen oft ganz schön komplizierte und nicht leicht zu beantwortende Fragen („Warum wächst das Gras, Oma?" – „Opa, wo ist unser Hund jetzt, wo er gestorben ist?"), da ist Aufmerksamkeit, Konzentration und Fantasie gefragt, um der Wissbegierde der Kleinen begegnen zu können!

Wie wirkungsvoll das gemeinsame Spielen und Rätseln sein kann, das beweist ein großer, wissenschaftlich begleiteter Versuch, der vor einigen Jahren mit Bewohnern eines Altenzentrums in Essen durchgeführt wurde. Fast drei Jahre lang trafen sich die Senioren einmal in der Woche zum gemeinsamen Denksport – und luden regelmäßig die Kinder eines benachbarten Kindergartens dazu ein. Mit allen Sinnen – Hören, Sehen, Riechen, Schmecken, Fühlen – und viel Spaß trainierten die Kleinen und die Großen gemeinsam ihre Denkflexibilität, ihre Konzentrations- und Merkfähigkeit, Fantasie, Wahrnehmung und Kreativität. Jedes Treffen stand unter einem bestimmten Motto, so ging es einmal z. B. darum, jede Kleinigkeit in der Umgebung mit ganz wachen Sinnen wahrzunehmen: Geräusche wie Fahrradklingel oder Weckerticken sollten erraten und zugeordnet werden, Gegenstände mussten mit verbundenen Augen ertastet und erkannt werden. Bei den Aufgaben ermutigten sich die Älteren und die Kinder gegenseitig und forderten sich gegenseitig heraus. Die Kinder lernten spielerisch, ihre sozialen Fähigkeiten auszubilden, und die Senioren konnten sich den Jüngeren wieder neu öffnen, Verständnis entwickeln, Vorurteile abbauen und längst vergessen Geglaubtes wieder zu aktivieren – nicht zu vergessen der

Ehrgeiz, mit den viel Jüngeren mithalten zu können! Bei Ende des Projekts wünschten sich fast alle beteiligten Senioren eine Fortsetzung, die begleitenden Wissenschaftler wiederum stellten zahlreiche positive Effekte fest: eine verbesserte Denkleistung und Denkflexibilität genauso wie ein gesteigertes Wohlbefinden.

Sie sehen also: Alt und Jung gemeinsam, das bringt beiden viel! Und deshalb wollen wir jetzt auch gleich loslegen: Auf den folgenden Seiten finden Sie jede Menge lustige und abwechslungsreiche Spiele, Rätsel und Denksportaufgaben für Jung und Alt. Dabei kommt das Beste aus verschiedenen Generationen zusammen: Spieltrieb, Neugierde und geistige Schnelligkeit der Enkel sind hier genauso gefragt wie Ihre reichen Erfahrungen, Ihr Wissen und Ihre Geduld. Sie können voneinander lernen – und Sie als Ältere werden davon ganz automatisch profitieren.

Denkaufgaben

Was ist hier gemeint?

Es hat zwei Flügel und kann nicht fliegen,
es hat einen Rücken und kann nicht liegen,
es hat ein Bein und kann nicht stehen,
es kann laufen, aber nicht gehen!

... und was ist das für ein Ding, das von sich sagt:
Nur ich kann sagen, was ich bin!

... und wovon ist hier die Rede?
Ein Gast kam ungeladen an
Und setzt´ bei Tisch sich nebenan.
Er winkte, und ich wehrte mich,
er winkte mir so süße –
vergingen mir Augen und Füße!

Lösung Seite 188

Äpfel und Birnen

Zwei Äpfel wiegen so viel wie drei Birnen.
Eine Birne wiegt so viel wie vier Pflaumen.
Wie viele Pflaumen braucht man, um einen Apfel aufzuwiegen?

Lösung Seite 188

Zügig denken!

Drei Züge fahren in jeweils verschieden lange Tunnel ein.
Zug A fährt mit 85 km/h in einen 1 Kilometer langen Tunnel.
Zug B fährt mit 170 km/h in einen 2 Kilometer langen Tunnel.
Zug C fährt mit 260 km/h in einen 3 Kilometer langen Tunnel.
Welcher Zug fährt als erster aus seinem Tunnel heraus?

Lösung Seite 188

Aus dem ff

Fridolin frönt seit fünfundvierzig Jahren der Schifffahrt. Freitags trifft er sich mit seinen Offenbacher Freunden oft im Hafen und zusammen schiffen sie in den Main.

Wie viel Mal kommt der Buchstabe „f" in diesen Sätzen vor? Findet es in 20 Sekunden heraus!

Lösung Seite 188

Dynamische Spiele

Kissenrennen

Dieses Spiel ist sehr einfach durchzuführen und ist dazu sehr lustig und dynamisch; es fordert Reaktionsschnelligkeit und Geschick. Sie brauchen dazu nur zwei Kissen. Mitspielen sollten allerdings mindestens 5 Personen. Je größer die Spielgruppe ist, desto mehr Spaß macht es!
Die gesamte Gruppe setzt sich nun in einen Kreis. Die zwei Kissen werden an zwei Mitspieler gegeben (jeder bekommt eines). Die Spieler mit den Kissen sollten sich im Kreis gegenüber sitzen.
Ziel ist es, die beiden Kissen im Uhrzeigersinn möglichst schnell weiterzugeben. Nicht werfen und die Übergabe nicht verzögern! Verlierer ist derjenige, den das zweite Kissen einholt bzw. wer beide Kissen in der Hand hat.

Für den Verlierer, also denjenigen, den das zweite Kissen einholt, können Sie sich schon im Voraus lustige „Strafen" ausdenken. Also z. B. eine Minute auf einem Bein stehen oder einen Text rückwärts lesen.

Ich packe meinen Koffer

Dieses Spiel schult ungemein das Gedächtnis und macht Alt und Jung gleichermaßen Spaß. Der erste Spieler startet mit den Worten: *„Ich packe meinen Koffer und nehme ... mit"*.
Er muss also etwas nennen, was er z.B. in den Urlaub mitnehmen würde, etwa ein Badetuch. Der nächste Spieler muss nun den gleichen Satz sagen, allerdings einen neuen Gegenstand mit in den Koffer packen, zum Beispiel eine Sonnenmilch. Nun muss der dritte Spieler einen neuen Gegenstand einpacken, er sagt also beispielsweise folgenden Satz:
„Ich packe meinen Koffer und nehme ein Badetuch, Sonnenmilch und meine Badehose mit".

Im Kern geht es also bei diesem Spiel darum, sich die Gegenstände zu merken, die von den vorherigen Spielern genannt wurden, und sie in der richtigen Reihenfolge zu wiederholen. Wenn man diese Reihenfolge durcheinanderbringt, einen Artikel vergisst oder sich nicht mehr erinnern kann, so scheidet man aus. Es gewinnt der Spieler, der zuletzt übrig ist und sich somit am meisten merken konnte.

Kniffel

Ein **Würfelspiel,** das immer wieder großen Spaß macht. Sie brauchen nur einen **Würfelbecher** und **fünf Würfel.** Falls Ihr Enkelkind schon ein bisschen rechnen kann, soll es ruhig versuchen die Punkte auf den Würfeln selbst zusammenzuzählen. Pro Runde darf drei Mal gewürfelt werden. Im oberen Teil muss Oma, Opa oder Enkel versuchen so viele gleiche Zahlen wie möglich zu würfeln.

Beispiel: Wenn man vier Zweier würfelt, kann man bei **„2er"** den Wert 8 eintragen, kann sich aber auch 40 Punkte für den **Viererpasch** im unteren Teil geben lassen (was taktisch klüger wäre).
Wenn man im oberen Teil mehr als **63 Punkte** zusammenwürfelt, bekommt man einen **Bonus** von 35 Punkten.

Ein **„Kniffel"** bedeutet übrigens **fünf gleiche Zahlen** zu würfeln – auch für fünf **1er** bekommt man dann 50 Punkte. Wenn man einmal großes Würfelpech hat und nichts Brauchbares gewürfelt hat, kann man entweder die Punkte zusammenzählen und bei **„Chance"** eintragen, oder man muss ein Feld streichen. Dafür eignet sich z. B. das 1er-Feld im oberen Teil, da man da ja maximal nur 5 Punkte erreichen kann (und wenn man das Glück hat, fünf 1er zu würfeln, hat man ja sogar einen Kniffel).
„Kleine Straße" bedeutet 4 aufeinanderfolgende Werte zu würfeln (z. B. 1 + 2 + 3 + 4), bei der **„großen Straße"** braucht man 5 aufeinanderfolgende Werte (z. B. 2 + 3 + 4 + 5 + 6).

„Full House" bedeutet zwei gleiche Zahlen zusammen mit drei gleichen Zahlen zu würfeln (z. B. zwei 3er und drei 4er).
Viel Spaß beim Würfeln!

		Oma	Opa	Enkel		
1er	nur Einser zählen					
2er	nur Zweier zählen					
3er	nur Dreier zählen					
4er	nur Vierer zählen					
5er	nur Fünfer zählen					
6er	nur Sechser zählen					
	Gesamt					
	Bonus bei mehr als 63 Punkten					
	Gesamt oberer Teil					
Dreierpasch	Punkte des Pasch zusammenzählen					
Viererpasch	Punkte des Pasch zusammenzählen					
Full-House	25 Punkte					
Kleine Straße	30 Punkte					
Große Straße	40 Punkte					
Kniffel	50 Punkte					
Chance	Alle Augen zählen					
	Gesamt unterer Teil					
	Gesamt oberer Teil					
	Endsumme					

Dreierpasch

Full-House

Kleine Straße

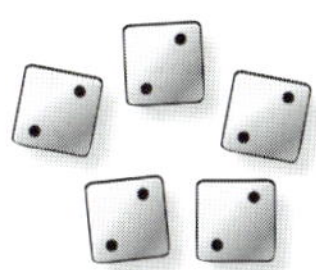

Kniffel

Wörterketten

Dieses Spiel eignet sich hervorragend für einen Spaziergang. Einer der beiden fängt an, entweder Enkel oder Sie, und nennt ein Wort mit zwei Silben:
Vorschlag:
Sofapolster – Eisdiele – Marktstand – Honigbiene – Lampenschirm ... etc.

Der andere greift nun den Faden auf und bildet mit der zweiten Silbe ein neues zweisilbiges Wort:
Polsterkissen – Dielenboden – Standuhr – Bienenstock – Schirmständer ... usw.

Und nun muss der andere Spieler wieder aus der letzten Silbe ein zweisilbiges Wort bilden. Ich mache es Ihnen an einem Beispiel vor:
Marktstand – Standuhr – Uhrzeiger – Zeigefinger – Fingerhut – Hutschachtel usw.

Übrigens muss es bei einem Spiel nicht immer einen Gewinner oder Verlierer geben. Sie können bei Silben, die sehr schwierig sind, auch zum Team werden. Ist eh schöner!

Ich sehe etwas, das du nicht siehst

Ich weiß gar nicht, wie alt dieses Spiel ist! Alle Kinder lieben dieses Spiel. Man kommt um es nicht herum. Also nutzen wir es und trainieren damit ein bisschen das Gehirn. Auch wenn es Sie nicht anstrengt, das Suchen mit den Augen ist so etwas wie Augen- und damit auch Hirngymnastik. Und da Sie den Kopf dabei bewegen, lockern Sie den Rumpf gleich mit dazu. Sie sehen, es ist egal, wie einfach ein Spiel ist, zu gewinnen gibt es immer etwas!

Sicher brauchen Sie keine Beschreibung. Dennoch, damit alle den gleichen Stand haben: Ein Mitspieler schaut sich um und macht auf einen Menschen, einen Gegenstand oder ein Naturereignis (Wolke, Sonne, Regenbogen) aufmerksam, in dem er sagt:

„Ich sehe etwas und das ist blau/rot/gelb usw. ...“ Der andere muss dann raten, was der Fragesteller meint. Dann wird gewechselt.

Weitere spannende Rätsel finden Sie auf: www.wunderbare-enkel.de

Singspiele

Mein Hut, der hat drei Ecken

Es wird das bekannte Kinderlied gesungen und dabei müssen verschiedene Bewegungen ausgeführt werden:

Mein Hut, der hat drei Ecken, drei Ecken hat mein Hut.
Und hätt' er nicht drei Ecken, dann wär' er nicht mein Hut.

Die Bewegungen dazu:
Hut: jeder greift sich auf den Kopf
drei: jeder streckt drei Finger aus
Ecken: jeder greift sich an den Ellenbogen
nicht: jeder schüttelt den Kopf
mein: jeder legt die Hand auf die Brust

Zu Anfang wird das Lied gesungen und die Bewegungen werden gleichzeitig ausgeführt. Nach einigen Runden werden jeweils immer mehr Wörter ausgelassen und komplett durch Bewegungen ersetzt. Für einen höheren Schwierigkeitsgrad kann die Geschwindigkeit des Liedes gesteigert werden.

Auf der Mauer, auf der Lauer ...

Kennen Sie noch das bekannte Lied?

Auf der Mauer, auf der Lauer sitzt ´ne kleine Wanze.
Auf der Mauer, auf der Lauer sitzt ´ne kleine Wanze.

Seht euch nur die Wanze an, wie die Wanze tanzen kann!
Auf der Mauer, auf der Lauer sitzt ´ne kleine Wanze.

Das Lied wird gemeinsam gesungen, dabei muss bei jedem Durchgang am Ende der Worte „Wanze“ und „tanzen“ ein Buchstabe weggelassen werden.
Also beim ersten Durchgang:
„Auf der Mauer, auf der Lauer sitzt ´ne kleine Wanz ...“ und „... wie die Wanz tanz kann!“.
Beim zweiten Durchgang:
„Auf der Mauer, auf der Lauer sitzt ´ne kleine Wan ...“ und „... wie die Wan tan kann!“
Und so weiter.
Den größten Lacherfolg wird hier natürlich der erzielen, der am häufigsten danebenliegt!

Lösungen der Spiele und Rätsel

Spiele und Rätsel für Erwachsene

Münzbewegungen

a) vier Züge

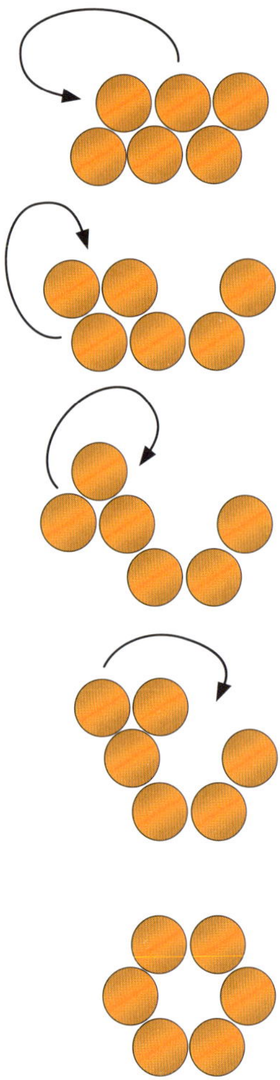

b) drei Züge

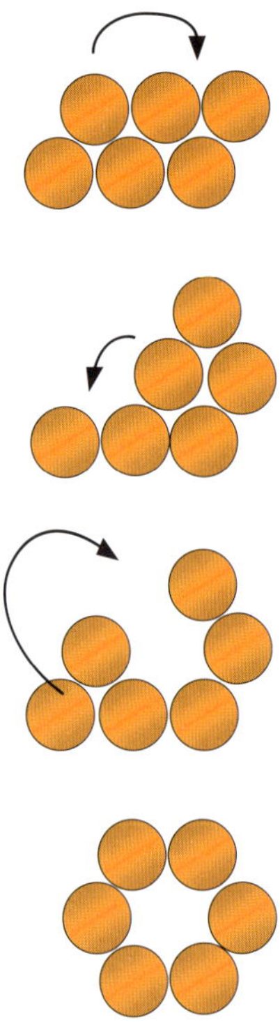

Lösung: WO ist der Vater?

Das Kind ist heute X Jahre und seine Mutter heute Y Jahre alt.
Wir wissen, dass die Mutter 21 Jahre älter ist als das Kind.
Demzufolge: $X + 21 = Y$
Wir wissen auch, dass in 6 Jahren das Kind 5-mal jünger sein wird als die Mutter.
Also können wir folgende Gleichung aufstellen:
$5\,(X + 6) = Y + 6$
Wir ersetzen Y durch X und fangen an aufzulösen:
$5\,(X + 6) = X + 21 + 6$
$5X + 30 = X + 27$
$5X - X = 27 - 30$
$4X = -3$
$X = -3/4$
Das Kind ist heute –3/4 Jahre alt, was gleich ist wie –9 Monate.
Wissen Sie jetzt wo der Vater ist? ;-)

Lösung: Fünf Piraten & 501 Goldstücke

Angenommen, nur zwei Piraten blieben übrig, dann würde der 4. auf jeden Fall verlieren, da der 5. durch eine Ablehnung alles bekäme.
Also muss der 4. spätestens dem Angebot des 3. zustimmen. Der 3. würde demnach 500 Goldstücke nehmen und bräuchte dem 4. nur eines und dem 5. keines zu geben (500, 1, 0 ➞ JA, JA, NEIN).

Böte der 2. Pirat diesen beiden je ein Goldstück mehr, sollten sie ihm zustimmen, da sie besser wegkämen. Dem 3. bräuchte er dann kein Goldstück zu bieten (498, 0, 2, 1 ➞ JA, NEIN, JA, JA).

Der 1. Pirat müsste zwei andere Piraten auf seine Seite ziehen, indem er ihnen mehr bietet, als es der 2. tun würde.
Am besten käme er weg, wenn er dem 3. und dem 5. ein besseres Angebot machte (498, 0, 1, 0, 2 ➞ JA, NEIN, JA, NEIN, JA).

Der Dreh mit der Flasche

Lösung: Zunächst bestimmt man die Höhe der Flüssigkeit in der Flasche. Dann dreht man die Flasche um und misst, wie viel Luft in der Flasche ist. Addiert man die beiden Zahlen, so erhält man die Höhe eines vollständig zylinderförmigen Körpers, der den gleichen Inhalt hat wie unsere Saftflasche. Die Division der gemessenen Safthöhe in der Flasche durch die Gesamthöhe unseres gedachten Zylinders ergibt, wie viel Prozent der Flasche mit Saft gefüllt ist.

Warum sind Kanaldeckel eigentlich rund?

Lösung:

1. Ein runder kann nicht wie ein quadratischer ins Loch fallen.
2. Ein runder kann leicht bewegt werden, da man ihn rollen kann.

Die Familie auf der Hängebrücke

Lösung:

Zuerst gehen Tochter und Sohn. → Dauer 10 Minuten

Dann geht die Tochter alleine zurück. → Dauer 10 Minuten

Sie übergibt die Taschenlampe den Eltern, die dann gemeinsam über die Brücke gehen. → Dauer 25 Minuten

Diese übergeben die Taschenlampe dem Sohn, der wieder zurückgeht. → Dauer 5 Minuten

Sohn und Tochter gehen dann zum Schluss gemeinsam wieder über die Brücke. → Dauer 10 Minuten

Kumuliert braucht die Familie 60 Minuten.

Der weise Mann und die Beduinen

Lösung: Der Weise riet ihnen, die Kamele zu tauschen.

Mathematikrätsel

Der Staubsaugervertreter

Lösung: Ich bilde alle Zerlegungen der Zahl 36 in drei Faktoren aus natürlichen Zahlen: Man beachte, dass ich systematisch vorgegangen bin:

36 =	1 × 1 × 36	Summe: 38
36 =	1 × 2 × 18	Summe: 21
36 =	1 × 3 × 12	Summe: 16
36 =	1 × 4 × 9	Summe: 14
36 =	1 × 6 × 6	Summe: 13
36 =	2 × 2 × 9	Summe: 13
36 =	2 × 3 × 6	Summe: 11
36 =	3 × 3 × 4	Summe: 10

Weil die Summe die Hausnummer angibt, habe ich jeweils noch die Summen dazugeschrieben. Man erkennt, dass nur die Summe 13 zwei Mal vorkommt. Bei jeder anderen Summe hätte der Vertreter die Alter der Töchter sofort gewusst. Also ist die Summe 13. Also sind die Töchter 2, 2 und 9 Jahre alt, da es eine älteste Tochter geben muss.

Kleines Rechenrätsel für zwischendurch

Lösung: (36 × 12) + 18 – 25 – 101 + 88 = 412

Schwarzarbeit

Lösung:

Die Arbeiten haben 780 Euro gekostet. Für einen gemeinsamen Arbeitstag haben Alfons und Bruno 108 Euro bekommen (4 × 15 + 4 × 12). Teilt man den Gesamtbetrag durch den gemeinsamen Tagesverdienst, erhält man 7,22. Alfons muss also mehr als 7 Tage, Bruno muss weniger als 7 Tage gearbeitet haben. Die einzige mathematisch mögliche Kombination lautet Alfons 9 Tage = 540 Euro und Bruno 5 Tage = 240 Euro.

Wundersame Vermehrung

Lösung: Der Bettler kam mit 14 Euro.
$(0 + 16)/2) + 16)/2) + 16/2) = 14$

Der Wichtel soll Weihnachtskugeln holen

Lösung: Der Wichtel muss 10 Kugeln holen, um sicherzugehen. Bei nur 7 Kugeln wäre es möglich, dass alle Kugeln blau und silbern sind.

Küchenleiter

Lösung: Damit die obere Person mit ihren Händen die maximale Höhe erreicht, muss die kleinere Person (Karin) nach unten. Denn Lena hat als die größere Person auch die längeren Arme. Unten würden ihre langen Arme nichts nützen.

Hasenrennen

Lösung: Sie müssen mindestens zwei Rennen veranstalten. Die Reihenfolge, in der die Hasen das Ziel erreichen, muss beim zweiten Rennen genau andersherum als beim ersten Rennen sein.
(ABCDEFGH – HGFEDCBA)

Katzenbeine, Kind und Kegel

Lösung: 10990

56 Katzen/Rucksack	=	392 Katzen/Kind
× 7	=	2744 Katzen im Bus
× 4	=	10976 Katzenbeine
+ 14 Kindebeine	=	10990 Beine

s. Illustration Seite 165 >

Wenn Sie die Beine vom Busfahrer noch hinzuzählen würden, den es in der Aufgabenstellung ja gar nicht gibt, dann wären es noch mal 2 Beine mehr.

Ja-nein-Rätsel

Ein fataler Fehler

Auflösung: Ludwig ist ein Leuchtturmwärter. Das Licht auszumachen war keine gute Idee.

Tod im Auto

Auflösung: Manfred sitzt in einem Cabrio.

Cäsar und Kleopatra

Auflösung: Cäsar ist eine Katze und angelt sich im Schlafzimmer den Fisch Kleopatra aus dem Aquarium.

Ein Mann kommt an einem Fenster vorbei

Auflösung: Der Selbstmörder stirbt, weil er vom Dach eine Hauses springt. Auf dem Weg nach unten „kommt er an einem Fenster vorbei".

Mord im Urlaub

Auflösung: Der Mann arbeitet in einem Reisebüro. Vor ein paar Tagen hat er der Frau des Toten eine Reise für zwei Personen verkauft. Die Frau hat für Ihren Mann jedoch nur die Hinfahrt gebucht – für sich selbst jedoch die Hin- und Rückfahrt. Der Zeitung lesende Mann vermutet, dass die Frau ihren Mann im Urlaub geplant ermordet hat.

Die letzte Mahlzeit

Auflösung: Der Mann war Mitglied einer Expedition (Antarktis oder Afrika). Während eines Unwetters (Schneesturm oder Sandsturm) drohte allen Mitgliedern der Hungertod. Zwei Männer machten sich auf die Suche nach Nahrung. Einer von ihnen kam mit rohem Fleisch eines Eisbären (oder eines Alligators) zurück und behauptete, der andere sei vom Raubtier stark verletzt worden und sei nun tot. Mit der Nahrung war der Rest der Expedition gerettet.

Als der Mann nun tatsächlich Eisbär (oder Alligator) isst, bestätigt sich seine finstere Vorahnung. Aus Verzweiflung bringt er sich um.

Verschiedene Denksportaufgaben

Steine sortieren

Lösung: Man benötigt mindestens 4 Züge:

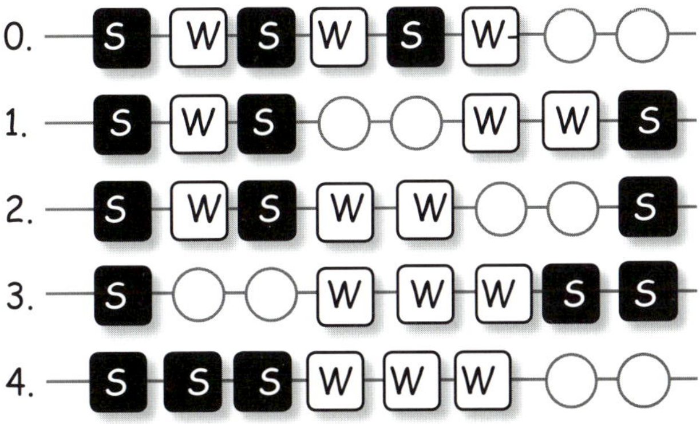

Bindeglied

Lösung:

FEUER-WEHR-DIENST

EISEN-BAHN-HOF

KEHR-BLECH-SCHADEN

HALS-SCHMUCK-KÄSTCHEN

WASSER-BALL-SPIEL

HAUS-SCHUH-KARTON

REGEN-SCHIRM-MÜTZE

KUGEL-LAGER-HALLE

Wortenden

Lösung: Gesucht ist die Endung „aum".

BAUM

FLAUM

SCHAUM

TRAUM

ZAUM

Das vergessene Geld

Lösung: In Büchern sind die linken Seitenzahlen immer gerade und die rechten immer ungerade. Zwischen die 29ste und 30ste Seite kann man folglich gar nichts legen.

Flasche voll Bakterien

Antwort: 59 Minuten

Dreieckpyramide

Antwort: 21 : 3 = 7

Vielleicht wollten Sie zuerst die 36 Dreiecke einfach durch vier teilen? Dann haben Sie aber sicher bemerkt, dass jede „Vierergruppe" nur aus drei Dreiecken besteht! Wenden Sie diese Erkenntnis auf die große Figur an, dann bekommen Sie die abgebildete Lösung.

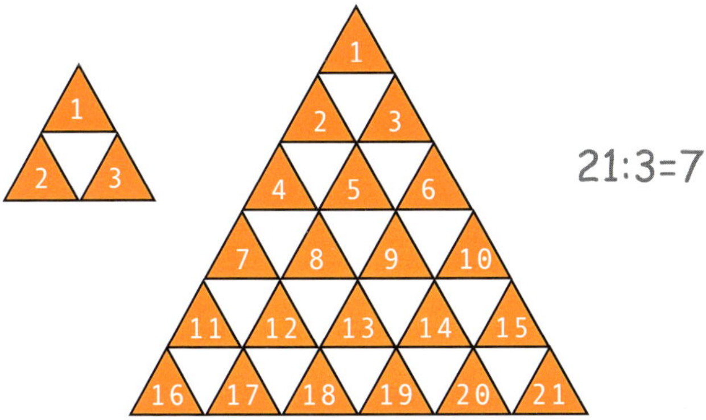

Schiffsuntergang

Antwort:

13 Menschen überleben: Fünf Menschen fahren hin, einer wieder zurück, beim nächsten Mal wieder fünf hin und einer zurück. Dann passen noch einmal fünf Menschen in das Rettungsboot. Die zwei letzten sind dann leider nicht mehr zu retten, weil das Boot ja nach 20 Minuten untergeht.

Dreiecksdreh

Lösung:

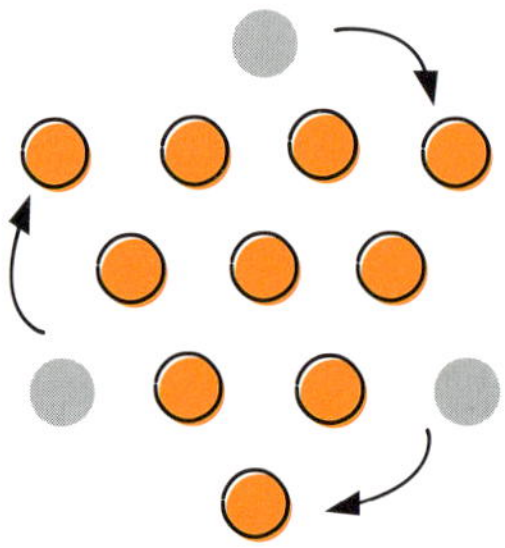

Trink, trink, Brüderlein trink

Antwort:

Der Inhalt des zweiten Glases muss in das vierte Glas gegossen werden und dann wird das zweite, jetzt leere Glas wieder hingestellt. Auf der Abbildung sehen Sie, wie das geht. Mit diesem Trick brauchen Sie nur ein einziges Glas in die Hand zu nehmen!

Schokorätsel

Antwort: 29

Unterm Strich

Antwort: 9

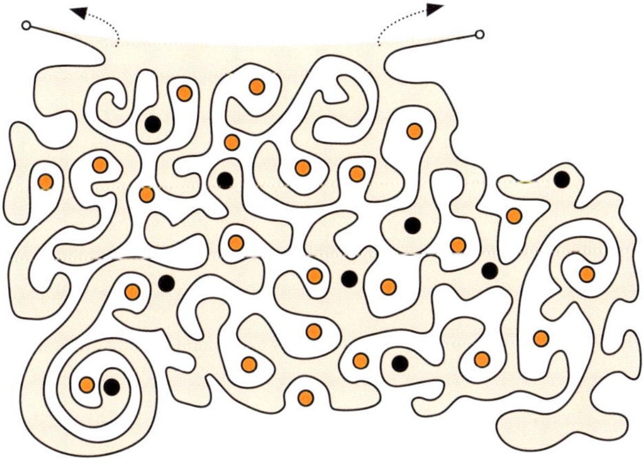

Ganz schön verdreht

Antwort:

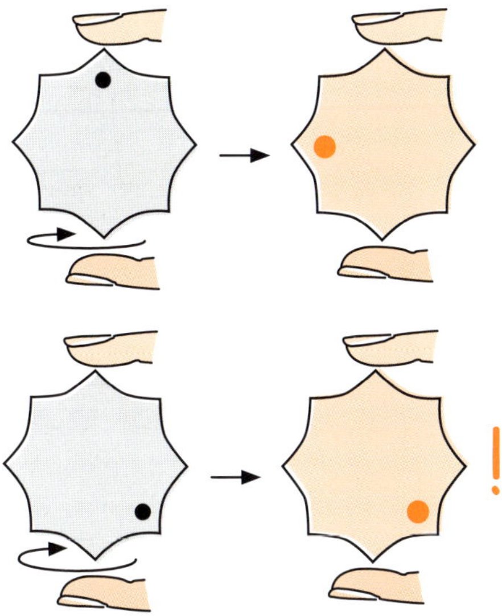

Die Zeit steht niemals still

Antwort: 10 ×

Der große Zeiger überholt den kleinen zehnmal. Die Antwort liegt auf der Hand, aber von der Fragestellung wird man leicht verwirrt!

Der große Zeiger überholt den kleinen einmal pro Stunde. Allerdings stehen beide am Anfang und am Ende der angegebenen Zeitspanne direkt übereinander, dabei kann man nicht von „Überholen“ sprechen. Zwei der zwölf Stunden darf man also nicht mitzählen.

Wo ist der Stern?

Antwort:

Herr der Ringe

Antwort: D

Bonbondieb

Antwort: C hat das Bonbon gegessen und ist der Einzige, der die Wahrheit gesagt hat.

Die Qual der Wahl

Antwort: B

Jahr 1

A	→	100.000 €
B	→	50.000 € + 55.000 € = 105.000 €

Jahr 2

A	→	120.000 €
B	→	60.000 € + 65.000 € = 125.000 €

Jahr 3

A	→	140.000 €
B	→	70.000 € + 75.000 € = 145.000 €

Leck geschlagen

Antwort: 6

Man könnte leicht denken, dass der Wasserspiegel nach 6 Tagen erst bei sechsmal 40, also 240 cm steht, dass das Wasser also am siebten Tag über den Rand des Bottichs schwappt. Aber auch am sechsten Tag kommen 60 cm auf einen Schlag hinzu, sodass der Bottich bereits an diesem Tag überfließt.

Damenwahl

Antwort:

Versieht man die Felder in Gedanken horizontal mit Ziffern und vertikal mit Buchstaben, dann stehen die Damen auf folgenden Feldern: A2, B4, C1, D3, E5.

Ins rechte Eck zum Rechteck

Antwort:

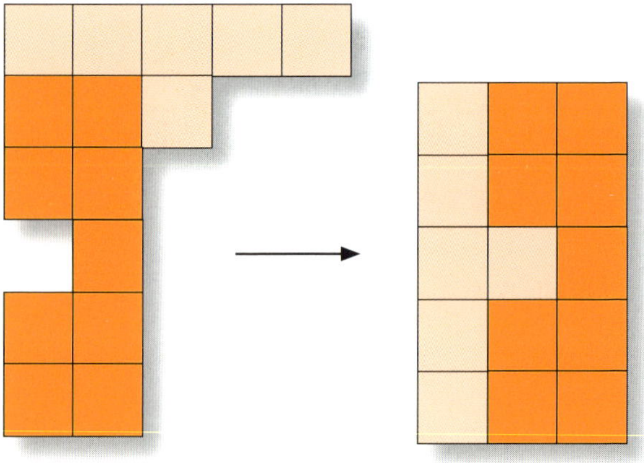

Zugtempo

Antwort: 60 km/h

Das riesen Rad

Antwort: 42 (21 × 2 = 42)

In den ersten neun Minuten sind die Gondeln, die an der Ausstiegsplattform vorbeikommen, noch leer, und in den letzten zehn Minuten durfte keiner mehr einsteigen!

In der Zeit von 10.10 Uhr – wenn das Riesenrad voll in Betrieb ist – bis 10.30 Uhr – wenn der letzte Fahrgast aus dem Riesenrad steigt – werden 21 Gondeln mit Passagieren besetzt.

Auf gute Nachbarschaft

Antwort:

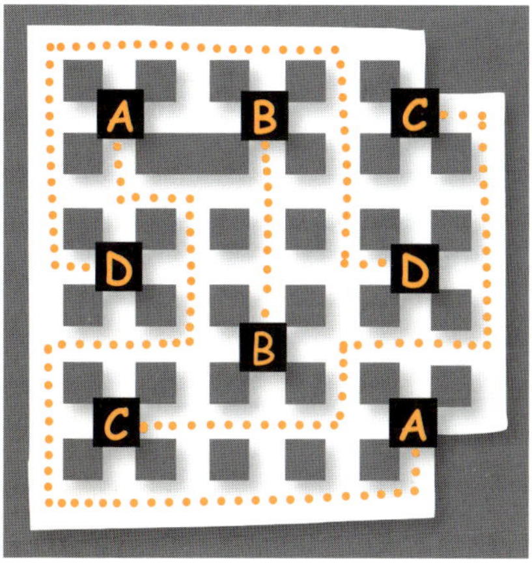

Der Joker und die Asse

Antwort:

ASS Karo – Joker – ASS Herz – ASS Kreuz – ASS Pik

Grüppchenbildung

Antwort:

10	20	10	60	100
20	50	30	20	10
10	30	10	30	20
80	20	90	10	40
10	70	10	30	10

Knoten oder nicht?

Antwort: C

C

Aufgaben aus der Kategorie SCHWER.

Begegnung im Wasser

Lösung: Der Fluss ist 200 Meter breit.

Lösungsweg:

Bei der ersten Begegnung haben beide Schwimmer zusammen einmal die Flussbreite zurückgelegt. Beim zweiten Treffen ist es zusammengenommen die dreifache Flussbreite.

Folglich vergeht bis zum zweiten Treffen drei Mal so viel Zeit wie bis zur ersten Begegnung. Am ersten Treffpunkt hat der Schwimmer, der vom nördlichen Ufer losgeschwommen ist, 80 m zurückgelegt. Beim zweiten Treffen sind es 240 m (3 × 80). Die 40 m vom südlichen Ufer ist er wieder Richtung Flussmitte geschwommen. Die Flussbreite ist folglich

240 m – 40 m = 200 m.

Dreiecksbeziehung

Antwort: 150

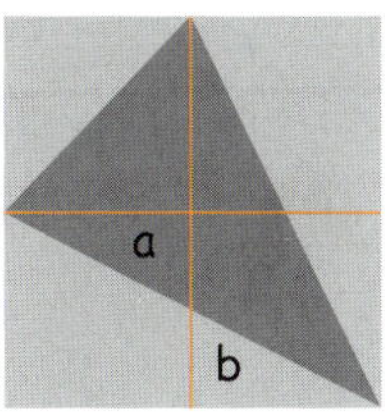

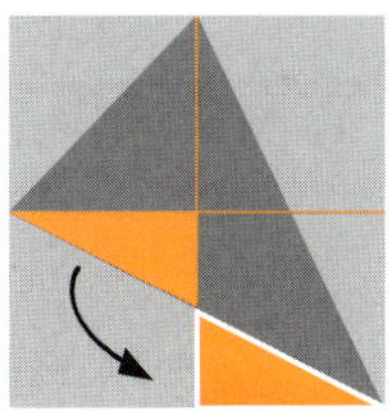

$10 \times 10 \div 2 = 50$

$20 \times 10 \div 2 = 100$

$= 150$

Umfangreich

Antwort: 26 m

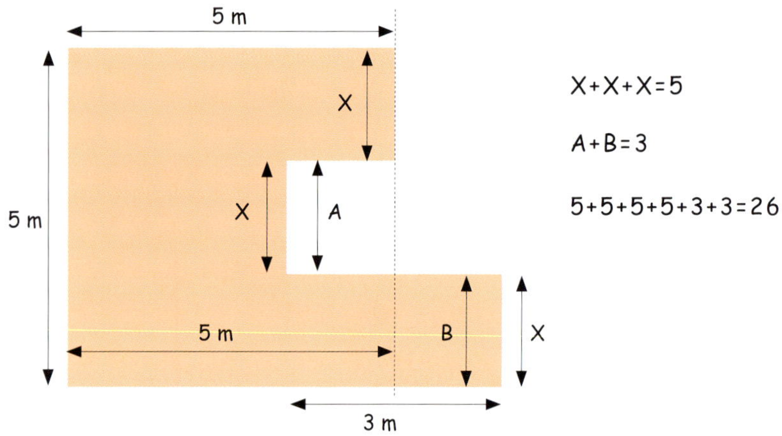

Logicals

Wer trinkt Wasser und wem gehört das Zebra?

Haus 1	Engländer	blau	Esel	Kaffee	Nicht-raucher
Haus 2	Norweger	weiß	Zebra	Tee	Zigarillo
Haus 3	Franzose	grün	Hund	Milch	Ziga-retten
Haus 4	Deutscher	gelb	Pferd	Saft	Pfeife
Haus 5	Japaner	rot	Katze	Wasser	Zigarre

Lösung:

Der Japaner trinkt Wasser und das Zebra gehört dem Norweger.

Buchstabensalat

Lösung: Buchstabensalat

Fehlersuch- und Unterschiedsbilder

Streichholz-Rätsel

1. Gleichung

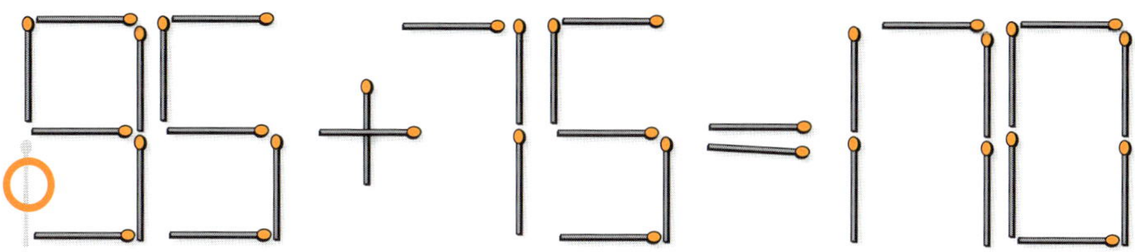

2. Hund

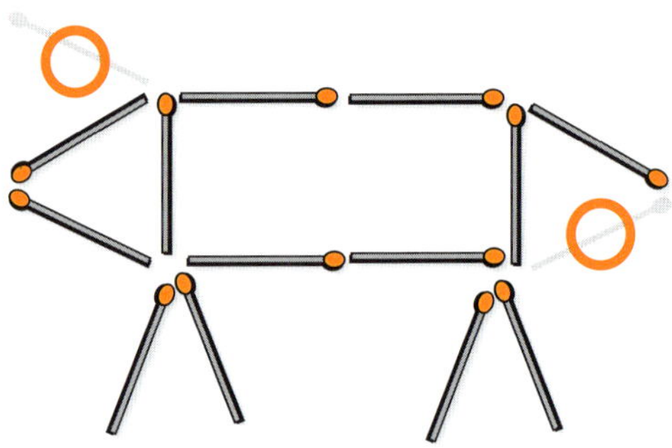

3. drei Quadrate

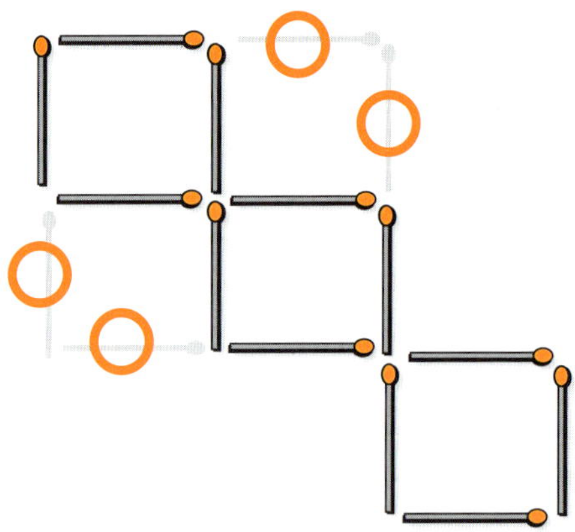

In Bildern denken

Ein bunter Frühstückstisch

Lösung: das Besteck

Ostereiersuche

Lösung: das Kind

Sprachliche Kreativität

Wie flexibel und kreativ ist Ihre Gedankenführung?

Lösung:

Nr. 1	26 Buchstaben im Alphabet
Nr. 2	7 Weltwunder
Nr. 3	12 Sternzeichen
Nr. 4	9 Planeten im Sonnensystem
Nr. 5	19 Grundrechte im Grundgesetz
Nr. 6	0 Grad Celsius ist die Temperatur, bei der Wasser gefriert
Nr. 7	18 Löcher auf dem Golfplatz
Nr. 8	90 Grad im rechten Winkel
Nr. 9	4 Quartale in einem Kalenderjahr
Nr. 10	24 Stunden hat der Tag
Nr. 11	2 Räder hat ein Fahrrad
Nr. 12	11 Spieler in einer Fußballmannschaft
Nr. 13	29 Tage hat der Februar in einem Schaltjahr
Nr. 14	32 Karten in einem Skatblatt
Nr. 15	64 Felder auf einem Schachbrett
Nr. 16	5 Finger an einer Hand
Nr. 17	16 Bundesländer hat Deutschland
Nr. 18	60 Sekunden sind eine Minute
Nr. 19	3 Weisen aus dem Morgenland
Nr. 20	Alle Wege führen nach Rom

Spiele und Rätsel für Kinder

Buchstaben-Wirrwarr

Lösungen:

- Eiersalat
- Eisdiele
- Lutscher
- Ziegenohr
- Backofen
- Blumenvase
- Dreirad
- Halstuch
- Wellensittich
- Perlenkette
- Saftglas

Rätselfragen

1. Lösung: Monika
2. Lösung: Kurven sind nie gerade!
3. Lösung: 20-mal
4. Lösung: 9 Schafe
5. Lösung: Nein, sie lebt ja noch!
6. Lösung: Die Mutter
7. Lösung: Ja, es stimmt. „K“öln und „h“inten!
8. Lösung: Ja, als Eis!
9. Lösung: 2
10. Lösung: Obst!

Wie geht das Sprichwort weiter?

„Langes Fädchen, faules Mädchen."

„Abwarten und Tee trinken."

„Aller guten Dinge sind drei."

„Besser den Spatz in der Hand als die Taube auf dem Dach."

„Besser schlecht im Auto gefahren als gut zu Fuß gegangen."

„Dem Glücklichen schlägt keine Stunde."

„Der Apfel fällt nicht weit vom Stamm."

„Der Krug geht so lange zum Brunnen, bis er bricht."

„Einem geschenkten Gaul schaut man nicht ins Maul."

„Es ist noch kein Meister vom Himmel gefallen."

„Alle Wege führen nach Rom."

„Es geschehen noch Zeichen und Wunder."

„Es gibt kein schlechtes Wetter, nur falsche Kleidung."

Denksport für Senioren

Goethestraße

Lösung:

12 = Kaiser; 14 = Kunz; 16 = Roth; 18 = Jäger; 20 = Moos

Das „Einstein-Rätsel"

Lösung:

1. Haus	2. Haus	3. Haus	4. Haus	5. Haus
Gelb	Blau	Rot	Grün	Weiß
Norweger	Däne	Brite	Deutscher	Schwede
Dunhill	Marlboro	Pall Mall	Rothmans	Winfield
Wasser	Tee	Milch	Kaffee	Bier
Katze	Pferd	Vogel	Fisch	Hund

Der verschwundene Euro

Lösung:

Der 1 Euro fehlt nicht. Vielmehr wurde nur das Geld des Inhabers (25 Euro) und zweimal das Geld des Verkäufers (2 x 2 Euro) gezählt.

Gezahlt wurden aber tatsächlich von den drei Studenten 27 Euro, von denen 25 Euro der Inhaber und 2 Euro der Verkäufer besitzt. Beziehungsweise von den 30 Euro am Beginn besitzt der Inhaber 25 Euro, der Verkäufer 2 Euro und die Studenten 3 Euro.

Zwei Bilderrätsel

Lösung I: Halswirbelsäule

Lösung II: Kugelschreibermine

3 x Sudoku (leicht, mittel, schwer)

leicht:

4	5	6	2	9	1	3	7	8
8	2	1	7	4	3	6	5	9
3	7	9	5	6	8	4	1	2
7	4	5	1	2	9	8	3	6
2	1	8	6	3	4	7	9	5
6	9	3	8	7	5	2	4	1
1	8	2	3	5	7	9	6	4
9	6	7	4	1	2	5	8	3
5	3	4	9	8	6	1	2	7

mittelschwer:

4	1	7	9	2	5	8	3	6
3	2	9	6	7	8	1	5	4
6	8	5	3	4	1	7	9	2
2	9	1	5	6	4	3	7	8
5	6	3	2	8	7	9	4	1
8	7	4	1	3	9	2	6	5
9	4	2	7	1	6	5	8	3
1	5	8	4	9	3	6	2	7
7	3	6	8	5	2	4	1	9

schwer:

1	2	9	6	8	5	7	4	3
8	5	4	3	9	7	6	2	1
3	7	6	4	2	1	9	8	5
5	6	3	2	4	8	1	9	7
2	8	1	7	6	9	5	3	4
4	9	7	1	5	3	2	6	8
6	4	5	8	1	2	3	7	9
9	3	8	5	7	6	4	1	2
7	1	2	9	3	4	8	5	6

Fehlersuche

Lösung:

Wortsuchrätsel

Lösung

Städte:

Frankfurt, Hamburg, Köln, London, Moskau, Paris, Prag, Rom

Flüsse:

Amazonas, Donau, Elbe, Ganges, Inn, Isar, Mississippi, Nil, Rhein, Themse, Weser, Wolga, Yangtse

Buchstabenschieben

Lösung:

I	M	M	U	N
I	K	O	N	E
I	M	A	G	E
I	L	T	I	S
I	N	F	R	A
I	R	R	E	R
I	D	A	H	O
I	H	N	E	N
I	N	T	I	M
I	L	I	O	N

Pillenrezept

Lösung:

Er muss acht Pillen nummerieren. Die erste kann er sofort nehmen. Die letzte erkennt er daran, dass sie die einzige ohne Nummer ist.

Schrebergarten

Antwort: D

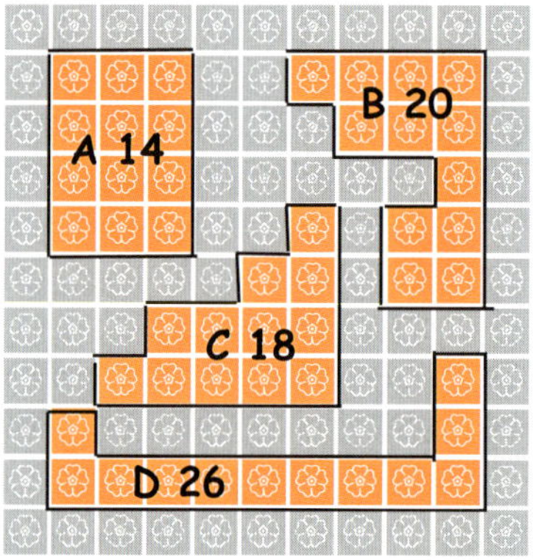

Gemeinsames Spiel: Großeltern und Enkel

Was ist hier gemeint?

Antwort: Die Nase

Antwort: Die Zunge

Antwort: Der Schlaf

Äpfel und Birnen

Lösung: 6 Stück

Zügig denken!

Lösung: Zug C

Aus dem ff

Lösung: 17-mal

Danksagung

Während ich die letzten Monate an meinem Schreibtisch saß und die Kapitel für dieses Buch schrieb, war meine Frau schwanger. Ich bin vorallem dankbar, dass unser Sohn Alexander gesund auf die Welt gekommen ist. Ein Wunder! Aus dem Bauch mitten ins Herz, wenn aus Liebe Leben wird. Ihm widme ich dieses Buch. Ich freue mich schon jetzt, wenn er in ein paar Jahren mit mir gemeinsam die ersten Rätsel und Gedankenspiele ausprobieren kann. Danke für dieses große Geschenk und diese Bereicherung in meinem Leben.

Speziell für die Unterstützung bei der Publikation dieses Buches danke ich dem Verlag Carl Ueberreuter für das Vertrauen in mich und in mein Buchthema.

Besonders aber danke ich Christine Weiner, die das gesamte Buchprojekt von der ersten Idee bis zur Veröffentlichung professionell betreut hat. Sie war wunderbar! Ich kann jedem Autor nur empfehlen, bei ähnlichen Projekten Frau Weiner miteinzubeziehen und von ihrer langjährigen Erfahrung zu profitieren. Sie ist ein Profi durch und durch. (www.goernerweiner.de)

Markus Hofmann
(September 2010)

Der Autor

Markus Hofmann ist der wohl inspirierendste und effektivste Gedächtnisexperte Europas und einer der begehrtesten Vortragsredner für Unternehmen aller Branchen. Er begeisterte mit seiner Form des Gedächtnistrainings bereits zehntausende Menschen. Als gelernter Bankkaufmann und Diplom-Marketingwirt (BAW) sowie European Business Trainer (EBT) ist er seit 2001 als selbständiger Trainer und Coach für Gedächtnistraining tätig. Bekannt wurde er durch die Schottenwette bei „Wetten, dass …?“ im ZDF und durch das Nachrichtenmagazin *FOCUS*, das ihn als Gedächtnisexperten zu den „12 Erfolgsmachern“ in Deutschland zählt. Für die *Süddeutsche Zeitung*, die *Stuttgarter Zeitung* und die *Frankfurter Rundschau* gehört er zu den TOP-Speakern im deutschsprachigen Raum. 2006 wurde er mit dem Excellence Award für Trainer und Referenten ausgezeichnet. Seit 2010 zählt er zu den wenigen Certified Speaking Professionals (CSP) weltweit.

Für das Who-Is-Who der deutschen Unternehmen – wie Axel Springer, Audi, Bertelsmann, BMW, Deutsche Bank, IBM, LBS, Lufthansa, McDonald's – hat er zahlreiche Vorträge und Workshops gegeben. Darüber hinaus ist Markus Hofmann seit 2006 als Lehrbeauftragter an der Steinbeis Hochschule Berlin sowie der Management-Universität St. Gallen in der Schweiz für strukturiertes Wissensmanagement tätig. An der ZfU – International Business School hält er Vorträge. Seit Anfang 2010 ist er Direktor des Steinbeis Transfer Instituts „Professional Speaker GSA“ und somit für die Inhalte, den Lehrplan und die Dozenten verantwortlich.

Basierend auf der Mnemotechnik, die heute unter Experten als die ausgereifteste und praxisorientierteste Gedächtnistechnik gilt, zeigt er in seinen Seminaren, wie jeder schnell und langfristig seine Gedächtnisleistung verbessern kann. Er verbindet auf hohem Niveau Infotainment mit seriöser Lernstrategie, die sofort im Alltag angewendet werden kann.

Durch die Kombination von Spaß und Humor mit interessantem und verblüffendem Know-how wird bei Hofmann das Training des „Gedächtnismuskels" zum Impuls-Erlebnis für die Zukunft. In vielen praktischen Übungen erleben seine Seminar- und Vortragsteilnehmer, welche außerordentlichen Leistungen ihr Gedächtnis vollbringen kann.
www.markus-hofmann.de

Markus Hofmann

HIRN IN HOCHFORM

So funktioniert Ihr Gehirn –

So verbessern Sie spielend leicht Ihr Gedächtnis

208 Seiten, 30 s/w-Abbildungen

€ 19,95 / sFr 30,50

ISBN 978-3-8000-7391-7